野村萬斎

改訂版

What is 狂言?

目次

―狂言の型

―狂言の修業

―狂言の花

索引

目次

Q 狂言とはどんなものですか？

●萬斎

狂言はセリフ主体の喜劇で、人間の生きる姿を人間賛歌のドラマとして表現します。それも毒をもって笑わせるのではなく、自然に涌《わ》きあがる健康的な笑いを楽しんでもらうもので、登場人物が繰り広げる洗練された狂言の笑いを「キュートなナンセンス」と評する方もいます。

現代のお笑いのようなニュース性やスピード感には欠けるかもしれませんが、普遍的な力強い笑いであり、だからこそ、古典芸能になり得たのだと思います。

私どもの家では「笑いを取る」という言葉を好みません。人間がたくましく生きる姿を一所懸命に演じる。一所懸命にやればやるほど、おかしくなってくるのです。

●解説

狂言はかつて「をかし」と呼ばれた。人を笑わせ、楽しませる「をかし」の芸。それが狂言の最大の特徴である。

狂言の笑いは多種多様だ。たとえば、古傘を言葉巧みに末広がりに取りなしたり、魚の名前を連ねて説法のように聞かせたり、といった洒落《しゃれ》や言葉遊びは、多くの曲に見られる笑いの趣向である。

他にも、棒に手を括《くく》られたままで舞を舞うような動きのおもしろさ、蚊をやっつけるために大きなうちわで扇《あお》ぐような誇張のおもしろさ、威張っていた大名が身ぐるみはがれて震え上がるような、立場の逆転のおもしろさなどなど、まさに狂言は「笑いのデパート」といえるだろう。

このように巧《たく》んだ笑いだけではない。たとえば「福の神」では、参拝している人間の前に福の神が突然現れ、幸せになる方法を伝授し、高らかに笑いながら去っていく。なんの劇的展開もない作品だが、満面に笑みをたたえた福の神の姿とほがらかな笑い声は、私たちに微笑みをもたらす。人々を和ませる祝言の笑いも、狂言の大事な要素なのである。

また、山伏を蝸牛《かたつむり》と取り違えてしまうそそっかしい太郎冠者《たろうかじゃ》、簡単な和歌の一首も覚えきれない武骨な大名、お金に執着してしまう出家、男を叱りとばす妻、晴れの聟入り《*むこ》で失敗を重ねる世間知らずの聟など、どこにでもいそうで親しみの持てる登場人物たちが活躍するのも、狂言の大きな魅力である。

聟入り……聟が初めて舅（妻の実家）に挨拶に行くこと。

健康的な笑いの世界、人間賛歌のドラマですⒶ

素袍落　太郎冠者野村萬斎

Q どんな人物が、どんな格好をして出てくるのですか？

◉萬斎

狂言の冒頭のセリフ、「この辺りの者でござる」に集約されますが、どこにでもいる普通の人間や、動物、あるいは目には見えていないけれど感じられる存在が擬人化され、時空を越えて「いま、このとき、ここにいるもの」として登場します。皆さんの分身のような人物の日常生活の一コマが写し出されるのです。観ている方も、いつの間にか登場人物に共感を覚えるのではないでしょうか？

そしてこれこそ狂言が現代に息づいている理由の一つです。演者としては、どんな役でもオールマイティーに演じることが要求されます。狂言は歌舞伎や能のように分業制度はありません。主や従者、山伏や僧、女や動物を"型"（50頁参照）を使って演じ分けるのです。

◉解説

狂言の代表的登場人物は、太郎冠者と主人である。太郎冠者は縞熨斗目《しまのしめ》に肩衣《かたぎぬ》（82頁参照）をつけ、短い袴をはいており、これが基本的な庶民の扮装となる。

一方主人は段《だん》熨斗目に長裃《ながかみしも》、小刀を腰に差して出る。主人役が大名や果《か》報者《ほうもの》（金持ち）という設定になる場合もあり、その際は、*大名烏帽子《えぼし》や侍烏帽子をつけ、大段熨斗目に素袍《すおう》という、主人役より一層華やかな出で立ちとなる。

夫婦もしばしば登場する。夫は太郎冠者と同様の、妻は美男鬘《びなんかずら》（14頁参照）で頭を覆い、*縫箔《ぬいはく》に女帯という女性の役特有の出で立ちで登場する。

さまざまな職業も出てくる。僧、新米僧である新発意《しんぼち》、山伏、禰宜《ねぎ》など、宗教関係の役が多い。僧は頭に角頭《すみず》巾《きん》や能力《のうりき》頭巾をつけて剃髪《ていはつ》していることを表し、山伏は、括袴《くくりばかま》に脚絆《きゃはん》という出で立ちで、*厚板《あついた》に*水衣《みずごろも》、力強く活動的な雰囲気を出す。

他に、鍋売り、茶屋、酒屋などの商人、農民、職業とは言いかねるが、山賊、すっぱ（詐欺師）、盗人なども登場する。

老人や老尼も登場するが、ふつうの男性・女性役と違い、「祖父《おおじ》」や「御《ご》寮《りょう》」などの面をつけて出、時には杖を突くこともある。

人間以外の役も多い。夷《えびす》や毘沙門《びしゃもん》などの福神、鬼、雷、幽霊、狐、狸、牛、馬、蚊の精、蟹の精と多彩で、茸《きのこ》などという植物の類まで人間が演じてしまうのもおもしろいところである。

大名烏帽子……大名役で多く用いる烏帽子。
縫箔……刺繍と箔の華麗な文様がある着物。

愛すべき庶民たちが、決められた扮装で登場します Ⓐ

段熨斗目《だんのしめ》
長裃《ながかみしも》

主《しゅう》（主人）

縞熨斗目《しまのしめ》
肩衣《かたぎぬ》
腰帯《こしおび》
狂言袴《きょうげんばかま》

太郎冠者

兜巾《ときん》
鈴懸《すずかけ》
厚板《あついた》
腰帯《こしおび》
水衣《みずごろも》
括袴《くくりばかま》

山伏

角頭巾《すみずきん》
長衣《ながごろも》
無地熨斗目《むじのしめ》

僧

大名烏帽子《だいみょうえぼし》
大段熨斗目《おおだんのしめ》
素袍裃《すおうかみしも》

大名

美男鬘《びなんかずら》
女帯《おんなおび》
縫箔《ぬいはく》

女

厚板……厚地の絹織物で仕立てた小袖。
水衣……単衣で広袖の上衣。

Q 太郎冠者はどんな人物ですか？

● 萬斎

太郎冠者は、本来弱い立場の人間がたくましく生き抜く姿を象徴しており、狂言の中のスーパースター的存在です。太郎冠者は自分では一所懸命なのですが、客観的に見ると、滑稽な姿にうつります。人間が生きていくということ自体が滑稽であり、それが狂言のドラマツルギーの根底をなしているのだと思います。

演技には山伏や大名、鬼など様式を前面に出して演じられる役とちがって、より写実性が求められます。曲によってさまざまな性格、さまざまな状況の太郎冠者を演じ分けなくてはならないので、演者自身の人生観や、人間性があからさまに出てしまいます。狂言師にとっては難しい役柄ですが、お客様にとっては親近感が持てるキャラクターです。

たとえば、「口真似」「呼声《よびこえ》」ではナンセンスが、「千鳥」「縄綯《なわない》」では、わがままな主人にしたがって働こうとするけなげさがあります。

「清水」「痺《しびり》」の太郎冠者は、主人を小賢しくだまして、さぼろうとするのに、だましきれない小市民・小悪党というお茶目な人物です。

父・万作は、狂言は常に「美しい」「面白い」「おかしい」の順であるべきだと言っており、その考えは、六世万蔵が開祖といわれる「江戸前狂言」の洗練された洒脱味のある芸を支えるものです。そういう意味では、私も美しい太郎冠者でありたいと思います。

● 解説

太郎冠者はシテ*になる場合とアド*になる場合がある。アドのときは、主人をサポートするしっかり者であることも多いが、シテのときは、反抗的でお調子者、酒好きでおっちょこちょい、といった底抜けに明るい人物として描かれ、狂言の代表的人物である。

太郎冠者の性格づけは、中世の身分社会での従者・下人の地位を反映しているともいえる。

冠者というのは、*元服《げんぷく》した若者とか、若い使用人などを意味する言葉だが、狂言では年齢に関係なく、主人に隷属《れいぞく》する下人の意として用いられる。その冠者の筆頭が太郎冠者で、複数の冠者が出る場合には、二人目以下を次郎冠者、三郎冠者とよぶ。

シテ……能・狂言の主役のこと。　アド……狂言でシテの相手役のこと。
元服……昔、男子が成人したことを示すため、服をあらため初めて冠をかぶる儀式。

狂言の中の愛すべきスーパースターです Ⓐ

棒縛　太郎冠者野村萬斎

棒縛【ぼうしばり】

●あらすじ

二人の家来が、留守中に酒蔵の酒を盗み飲みすると知った主人は、太郎冠者の両手を棒に、次郎冠者の手を後ろ手に縛って出かけてしまう。

それでも酒が飲みたい二人は、縛られたままで何とか酒を飲むことに成功する。

そのうちに大酒盛りになり、謡えや舞えやと大騒ぎしているところへ、主人が帰ってきて…。

●萬斎

自由の利かない手で酒蔵の戸を開けたり、舞を舞ったりと、遊び心に裏づけられた自由さがある作品です。海外公演でも上演頻度の高い、狂言の代表作の一つといえましょう。

Q わわしい女とは何ですか？

● 萬斎

狂言に登場する、バイタリティあふれ、実行力のある女性を〝わわしい女〟と呼びます。男性が抱く一種の女性観の象徴であるかもしれませんが、悪意はありません。

〝わわしい〟とは、口やかましい、うるさいという意味ですが、ことさらわわしく演じる必要もなく、品格を持って演じるのがポイントです。

無理に女性らしく演じることをせず、〝型〟によって観客に女性らしさを感じさせます。

狂言の登場人物として男女の区別をつけているものの、〝女〟というよりもっと大きく「人間」として描かれているのです。

● 解説

博奕《ばくち》や連歌の会にうつつを抜かし、大酒を飲み、屋根の雨漏りさえ妻に修理させ、家のことを顧みない夫。そんな夫に業を煮やし、強くたくましくならざるを得なかったのが、狂言のわわしい女だといえよう。

「法師《ほうし》ケ《が》母《はは》」で謡われる謡には「春は蕨《わらび》折り、夏は田植え、秋は稲刈り、冬は布織り」という風に、四季を通じた女性の仕事が挙げられている。しっかり働き、家を支えた女性だからこそ、夫の不甲斐なさが情けないのだ。

「エエ、腹立ちや腹立ちや」と、頭を左右にふりながら身をよじり、足拍子を強く踏んで怒りを爆発させるのが、わわしい女の象徴的な仕種である。

怠け者の夫を鎌をふりかざして追いかけ回す「鎌腹《かまばら》」、夫の尻を叩いて喧嘩の仕返しに向かわせる「*千切《ちぎり》木《き》」、夫の髭を剃るために、近所の女性たちを大勢引き連れ、槍や長刀で討ちかかる「髭櫓《ひげやぐら》」など、妻の気性の激しさを描いた曲は多く、その激しさは、気弱く描かれた夫の姿と、見事なコントラストをなしている。

また、「伯母《おば》ケ《が》酒《さけ》」や「河原太郎《かわらたろう》」のように、酒を商う女性の登場する曲もある。

狂言が形成された中世は、実際に、女性の商人や職人の活躍した時代でもあった。

自立した女性の出現という時代背景が、狂言の中の女性像に影響しているのだろう。

千切木……「千」は「乳」の当て字で、足裏から乳までの高さにきった棒。

バイタリティあふれ、実行力のある女性のことです Ⓐ

千切木　太郎野村萬斎　妻石田幸雄

千切木【ちぎりき】

◉あらすじ

連歌の会の頭《とう》（当屋　108頁参照）になった男が、皆を自分の家に集めて歌を考えていると、仲間はずれにされた太郎がやってくる。

自分を呼ばなかったことに腹を立てた太郎は、当屋の家の掛け軸《じく》や花に難癖《なんくせ》をつけこきおろすので、怒った連中が、太郎を打ちのめし、放り出してしまう。

事件を聞きつけた太郎の妻は、しぶる太郎にむりやり棒を持たせ、仕返しに行くよう叱咤激励《しったげきれい》するのだが……。

◉萬斎

弱虫の割には強がる夫と、気は強いが夫思いの妻のやりとりの妙が楽しい作品です。

Q 女性の役も男性が演じるのですか？

●萬斎

狂言の女役も男性が演じますが、歌舞伎のような女形によって演じられることはありません。

”型“を踏襲して演じれば、自然と女性らしく見えるのです。特殊な場合を除いては面をつけず、美男鬘《びなんかずら》とよばれる長い晒《さらし》状の布を頭に巻き付けるだけで、化粧もしません。

男を演じる時の基本的な構《かま》エ（44頁参照）に比べて、肘《ひじ》を張らずに身体につけ、セリフも「ござる」の「る」の音を消さずに言うなどして、男の演者がそのまま女性を演じるのです。

もし女性が男性に混じって女の役を演じると、逆に存在がなまめかしくなると思います。

●解説

中世の女性芸能者として有名なのは、能「道成寺《どうじょうじ》」にも登場する「白拍子《しらびょうし》」である。さらに世阿弥の時代には、女性による女猿楽も行われている。将軍や＊上皇《じょうこう》の前でも演能したことが記録類に見え、かなりの実力を備えていたようだ。

中世には他に、諸国を旅して回る、「瞽女《ごぜ》」という盲目の女性芸能者もいた。女性芸能者がこれほど多く存在した中世だが、記録類に登場する狂言役者は、一例を除きすべて男性である。したがって、当初から狂言は、男性が演じるものだったと考えられる。後世の女歌舞伎に登場する道化役も男性であったことからいって、喜劇的な役回りは、もっぱら男性が担っていたようである。

Q 狂言が男性だけで演じられるようになったのは、時代背景の影響ですか？

A 狂言が成立した中世の頃は、たしかに男性が主導権を握る社会でしたが、そのせいだけでなく、狂言が男性だけで演じられるのは、狂言の芸質そのものが、男性の力強く大きなフォルムを必要とした芸能だからだと思われます。

最近では、趣味で狂言を習い、演じている女性の愛好者の方が大勢いらっしゃいます。

上皇……位をゆずった天皇の尊称。

男性が演じますが、狂言には女形は出てきません Ⓐ

鎌腹　太郎野村万作　　妻高野和憲　　仲裁人竹山悠樹

鎌腹【かまばら】

●あらすじ

怠け者の太郎が、山へ薪《たきぎ》を取りに行かないので、怒った妻が鎌を縛り付けた棒で太郎を追い回す。そこに仲裁人が止めに入るが、太郎は女に侮辱されるくらいなら自殺した方がマシと、妻の目の前で腹を切ろうとする。ところが妻は、やれるものならやってみろと捨てゼリフを残し、立ち去ってしまう。一人残された太郎は、さまざまな死に方を試みるが…。

●萬斎

死のうと思う夫は、誰も見物に来ないと文句をつけます。ベケット*風の無目的な行為の繰り返しが、人間の愚かしさを感じさせます。

サミュエル・ベケット……1906〜1989年。アイルランド出身の劇作家。

Q 悪役はいないのですか？

◉萬斎

狂言には、まともな職業につかず、社会の裏側に生きる人物も登場しますが、人を殺すような大悪党は出てきません。

多くは"すっぱ"と呼ばれる、スリ・詐欺師・博奕打《ばくちう》ち・盗人・人買いなどを生業《なりわい》＊としている人物ですが、間が抜けていて、いつも失敗します。どこか憎めない小悪党のキャラクターとして、"すっぱ"は、狂言では人気者で、私自身も好きなキャラクターの一つです。

「六地蔵」に登場する"すっぱ"のだましかたなど、今でいえばキャッチセールスに似ていて現代に通ずる面白さがあります。

◉解説

狂言に登場する悪役といえば、"すっぱ"がその代表で、博奕打ちも同類と見なされる。都の雑踏をわずかな利益を求めて走り回る"すっぱ"は、天正狂言本《てんしょうきょうげんぼん》（24頁参照）では「たらし」と呼ばれている。

おそらく、田舎で食い詰め、都へと流れ着いた浮浪者たちをモデルとしているのだろう。暴力には訴えず、あくまでも言葉で丸め込む手法で、大金をせしめたり物を横取りしようとし、結局は失敗する。

狂言には盗人も登場するが、出来心で盗みに入ったものの、別のことに夢中になって、結局失敗するのが常である。山賊もわずかな例だが登場する。これも、仕事に成功したためしはない。

"すっぱ"が出てくる曲にはさまざまなパターンがあるが、「六地蔵」＊の"すっぱ"は都会の遊び人で、田舎者をだまそうとして失敗に終わる。「末広かり」の"すっぱ"は、珍しく仕事に成功している例である。しかし、だまして終わりの、根っからの悪人ではなく、主人の機嫌を直す囃子物を太郎冠者に教えるような、人のよさも持ち合わせているのである。「磁石」では、田舎者をだまして売り飛ばす人買いが"すっぱ"として登場し、抜け目のないはずが、かえって田舎者にしてやられてしまう。「仏師」＊などの"すっぱ"は都会の遊

生業……職業。　六地蔵……六道において衆生の苦患を救うという六種の地蔵。
仏師……仏像をつくる職人。

小悪党はいますが、大悪党は出てきません Ⓐ

六地蔵　すっぱ野村萬斎

六地蔵【ろくじぞう】

●あらすじ

田舎者が新築の地蔵堂に六地蔵を安置しようと、地蔵をつくる仏師を探しに都にやって来て、仏師の居所をたずねる。これを知った都のすっぱ（詐欺師）は「自分こそが真《ま》仏師だ」と偽り、一昼夜で作っておくと約束する。

三人の仲間を仏像に化けさせてたぶらかす算段だったが、約束したのは六体の地蔵なので、別の場所に三体ずつ置いたと田舎者に説明して、なんとかその場を取り繕《つくろ》うが、何度も行ったり来たりして見くらべる田舎者に合わせて、にせの地蔵たちも慌てて移動しなければならない。やがて…。

Ⓠ人間以外の登場人物は出てくるのでしょうか？

●萬斎

生活の中で身近に存在するさまざまな動物をはじめ、茸・雷なども擬人化されて出てきます。舞台に登場したときには正体も定かではないそれらのものを、狂言師は物まねの芸による変身術で、リアルな存在として演じなくてはなりません。擬人化された存在を通し、人間というものを誇張して見せるのも狂言の妙です。

●解説

人間以外の役には、まず、夷《えびす》、大黒《だいこく》、毘沙門《びしゃもん》などの福神（福の神）や、閻魔《えんま》王、雷などの鬼の類があげられる。動物の役もいろいろあり、狐や猿などは、リアルな面をつけてそのものに似せて演じるが、牛や馬などは、賢徳《けんとく》の面（72頁参照）に*黒頭《くろがしら》、茶色の縫いぐるみを身につけ（51頁参照）、本物の牛馬とは似つかない格好で演じる。

「蚊相撲」には蚊の精のような化け物も登場する。リアルな蚊の描写ではないが、空吹《うそふき》の面（72頁参照）に*紙縒《こより》をくわえ、水衣の袖をヒラヒラさせ、蚊の雰囲気を出す。「蟹山伏」の蟹の精は、黒頭に賢徳の面をつけ、親指と人差指とを鋏《はさみ》のように開いた両手を上げて、左右に振りながら横跳びで登場し、それらしく見せる。

福の神　野村万作

黒頭……頭にかぶる黒い色の仮髪。
紙縒……細く切った和紙によりをかけて紐状にしたもの。

動物から茸、雷まで擬人化されて登場します Ⓐ

蚊相撲　大名野村萬斎　太郎冠者高野和憲　蚊の精石田幸雄

蚊相撲【かずもう】

●あらすじ

大名が新しい召使を抱えようと、太郎冠者を海道*に探しに行かせる。そこへ人間の姿になった*江州守山《ごうしゅうもりやま》の蚊の精が、人の血を吸おうと通りかかり、正体を知らない太郎冠者は蚊の精を連れて帰ってしまう。

喜んだ大名は新参者の相撲が見たいと思うが、誰も相手をする者がいないので、やむなく自身で相手をすると、蚊に刺されて目を回してしまう。途中で新参者の正体がわかった大名は、蚊の精を大団扇で扇いで、一度は勝利を収めるのだが…。

●萬斎

人間である大名と蚊の精が相撲をとるという、何とも奇想天外な作品です。

海道……諸国に通じる主要な道路、街道のこと。
江州守山……琵琶湖南岸地方。

Q 狂言には何人ぐらい登場人物が出てきますか？

見物左衛門　見物左衛門野村萬斎

【登場人物が一人の狂言】

見物左衛門　深草祭【けんぶつざえもん　ふかくさまつり】

●あらすじ

見物左衛門（シテの名前）が祭を見物に出掛けて競馬《けいば》や幟《のぼり》の山車《だし》を楽しみ、相撲見物では、ついに自分から相撲に取り組む。初めは勝つものの、打ち倒されて「もう一番とろう」と言いながら退場。

一人狂言は、熟達した芸が必要で、相手がいるかのように演じられる。

●萬斎

見物左衛門が、たった一人で祭見物を楽しんでいるところを観客が見るという設定は、旅しているところを見せて楽しませるテレビの旅行番組のようでユニークですね。初めは傍観者でしたが、いつしか祭の中心に入り込んでいくのが面白いです。

普通は二〜三人ですが、一人から三〇人以上のものまであります Ⓐ

唐人相撲　（左より）相撲取り野村萬斎　皇帝野村万作　通辞野村万之介　他

［登場人物が三〇人以上の狂言］

唐人相撲【とうじんずもう】

●あらすじ

中国に来ている日本の相撲取りが、帰国を願い出る。皇帝の所望で、唐人たちと最後の勝負に挑むが、次々に倒し、皇帝自らが相手をすることになる。身の汚れを嫌って*荒菰《あらこも》をまとった皇帝が、相撲取りに小股をすくわれそうになったところを唐人たちが助けるが…。相撲取りと*通辞《つうじ》以外は*唐音《とういん》を使う。

●萬斎

この曲は、大勢の出演者が必要でアクロバット的な演技も要求されますが、負ける方の唐人に暖かいまなざしを向けるところに狂言らしさがあります。敗者の美学を感じさせる狂言です。

荒菰……むしろを荒く織ったもの。
通辞……通訳。　唐音……ニセの中国語。

Ｑ狂言はいつごろ、どうやって成立したのですか？

◉解説

狂言というのは、もともと冗談とか*戯言《ざれごと》とかいう意味の言葉である。これがやがて、滑稽な演技を趣向とした芸能を指す言葉となっていった。初めて芸能としての「狂言」という語が史料に見出せるのは、室町時代になってからであるが、狂言の源は、これよりもさらに遡ってたどることができる。

奈良時代に中国から伝わった*散楽《さんがく》という芸能が日本に定着し、平安時代には猿楽《さるがく》と呼ばれるようになった。平安中期に書かれた『新猿楽記』には、「妙高の尼が襁褓《むつき》乞ひ」とか「東人の初京上り」といった、当時の猿楽の演目が記されているが、これは、子供を生んでしまった尼がおしめをもらい歩く様子とか、初めて上京した田舎者の様子などをおもしろおかしくまねた芸であり、このような滑稽な物まね芸が、当時の猿楽の主体であったと考えられる。まだまだ即興的な芸に過ぎず、芸能として完成したものではなかったが、「滑稽」「物まね」という要素は、後の狂言につながるものである。

猿楽の演目のうちでも、歌舞が主体となったものは、やがて「能」と呼ばれるようになり、室町時代になると、「座」を作って組織的に上演されるようになる。

とくに、大和猿楽で活躍した観阿《かんあ》弥《み》・世阿弥《ぜあみ》親子は、将軍や貴族たちにも芸を認められ、能を芸術の域にまで高めることに貢献した。芸能として完成の度合いを増した能に比べ、狂言は、まだまだ即興芸のレベルから出ていなかったようで、能の座の中に吸収され、能の合間に滑稽な演目を上演したり、能の中で間狂言《あいきょうげん》（38頁参照）を演じたりするようになる。

江戸時代になり、能と狂言は能楽として整備され、幕府の*式楽《しきがく》となる。*大蔵虎明《とらあきら》のように、式楽としての狂言のあり方を真剣に模索する狂言師も現れ、従来の、観客受けを狙った即興的な滑稽芸から、より洗練され、格式をも身につけた芸能へと、狂言は確立されていく。

そして、明治維新、第二次世界大戦という苦難の時代を経て、狂言は、その芸術性の高さを、国内外でようやく高く評価されることとなるのである。

戯言……たわむれて言うことば。冗談。
散楽……奈良時代に中国から入ってきた芸能。曲芸・奇術・歌舞などの大衆芸能の総称。

その源は奈良時代に中国から伝わった物まね芸です

遊楽図屏風（相応寺屏風部分・徳川美術館所蔵）

式楽……江戸幕府により、能楽が武家の儀式に用いられたことから能楽をさすようになる。

大蔵虎明……江戸初期の狂言師。大蔵流中興の祖といわれる13代目家元。

Q 狂言に台本はあるのですか？

●萬斎

狂言では、代々の狂言師たちが即興で演技していたものを書きつけて、台本の形にしたようです。

詞章や*型付《かたつけ》は、江戸時代には他見を許さない秘書として相伝されてきました。それらが*翻刻《ほんこく》されるようになったのはようやく明治末期になってからのことで、今日でも、どの流儀も各時代の代表的な台本が、系統的に翻刻されるにはいたっていません。

台本で印刷されたものは極端に少なく、基本的には、師匠の台本を弟子が書き写して、自身で型付をして作るものなのです。

●解説

狂言は成立当時、即興的演技を主体としていたため、台本は必要ではなかったらしい。

能では、世阿弥《ぜあみ》自筆の台本なども現存し、十五世紀からすでに台本が作成されていたが、狂言の現存最古の台本の奥書には天正六年（一五七八）、すなわち十六世紀も半ばを過ぎた頃の年代が記されており、能よりかなり遅れて、やっと台本意識が生まれたようである。また、世阿弥とか*禅《ぜん》竹《ちく》とかいった作者のわかっている曲が多い能とは違い、狂言台本の作者はほとんど不明である。

現存最古の狂言台本は「天正狂言本」と呼ばれる。簡単なあらすじが記されているのみで、具体的なセリフや動きは書かれていない。ただし、謡い物や語リ物の詞章は詳細に記されているので、大蔵《おおくら》・和泉《いずみ》・鷺《さぎ》の三大流儀が確立する前の、プロの狂言師の覚え書きとして作成された台本ではないかと考えられている。

江戸初期になると流儀が確立し、狂言の中にも流儀意識や家意識が生まれてくる。それにともない、流儀や家ごとの独自の台本が筆録されるようになった。整備された台本が次々と書き写され、以後台本の固定化が進むようになった。

現在の狂言は、江戸時代に固定したセリフを伝承しているのだが、とはいっても、台本のセリフを一字一句かえていないというわけではなく、時代や観客層にあったセリフ、演出に改変しながら演じられてきたのである。

型付……舞・動作を書き付けること。
翻刻……写本をもとに、木版または活版で印刷すること。

師匠の台本を書き写して自分で型付をして作ります A

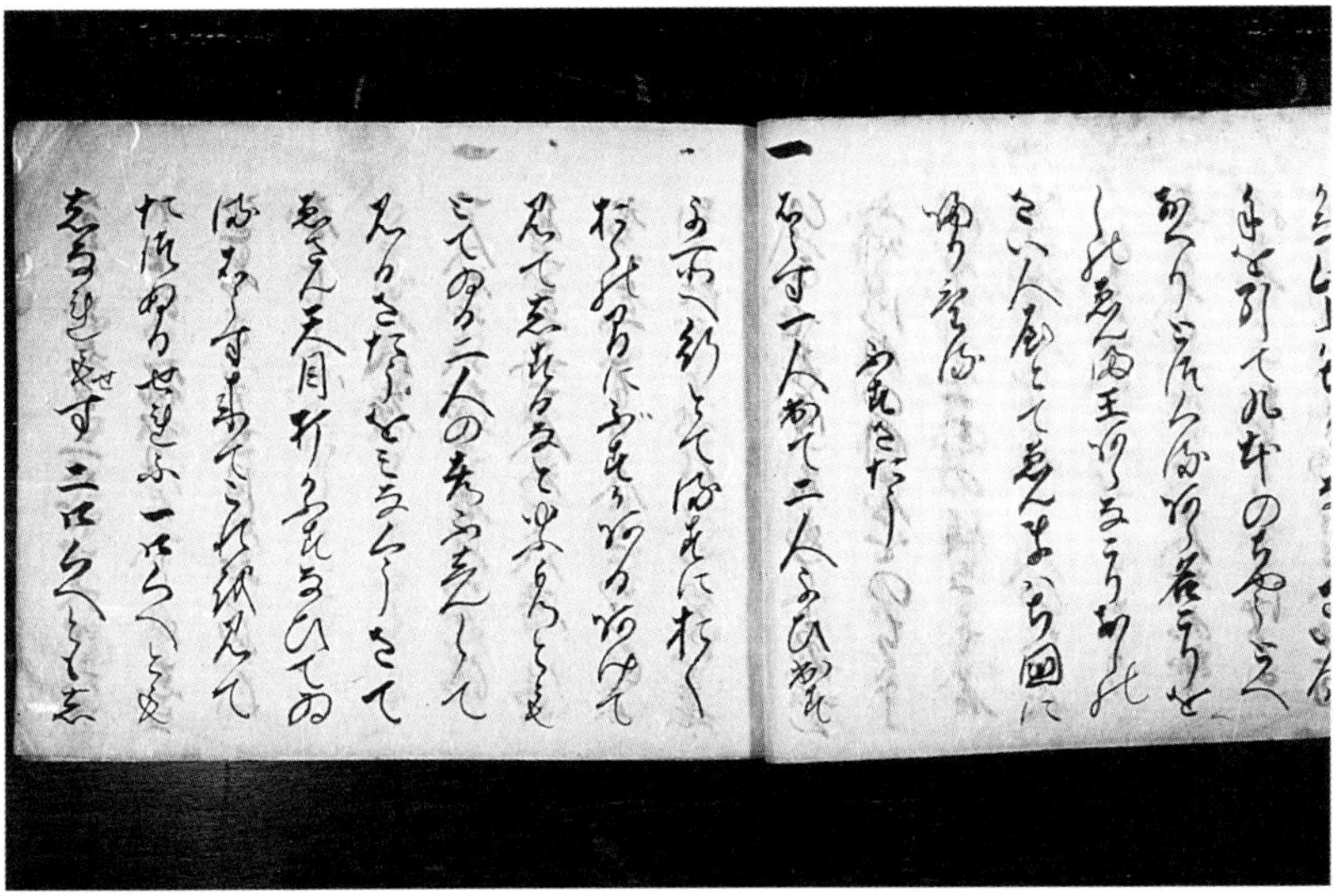

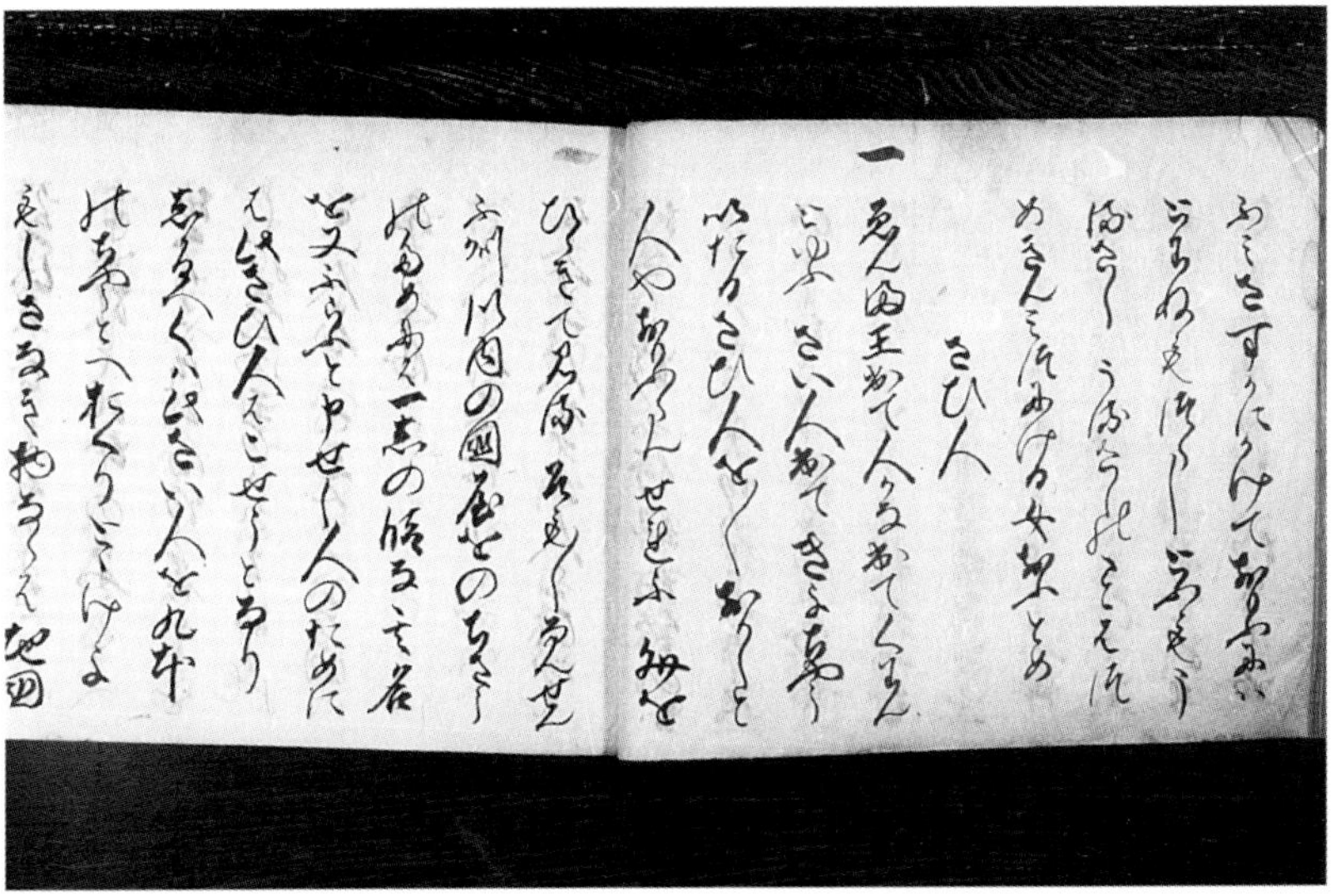

天正狂言本　「ふすさたう」(附子砂糖)　現在の「附子」の箇所(法政大学能楽研究所所蔵)

禅竹……金春禅竹。室町時代の能役者、能作者。世阿弥の女婿。

Ｑ狂言の流儀について教えてください

●解説

狂言には現在、大蔵・和泉という二つの流儀があり、江戸時代には、さらに鷺流もあった。

三流儀のなかでは、大蔵流がもっとも古く、室町時代の後期にはすでに成立しており、その後、和泉流、鷺流が成立した。

三流儀とも、流儀として固まるのは江戸時代になってからである。江戸時代、能は幕府の式楽と定められ、大蔵流と鷺流は幕府お抱えとなった。和泉流の方は、尾張徳川藩の召し抱えとなり、さらに宮中の御用も勤める流儀となる。

明治維新が起こり幕藩体制が崩壊すると、狂言界もパトロンを失い大混乱に陥るが、大蔵流の初代山本東次郎や九世茂山千五郎、和泉流の十一世野村又三郎、七世三宅庄市、五世野村万造（初世萬斎）ら実力のある狂言師たちが流儀の芸を支え、狂言を守り抜いた。しかし鷺流は混乱期を乗り切ることができず、結局、中央の能楽界において廃絶することとなる。

通常の狂言の公演は、親子・兄弟・師弟関係などから成る「家」単位で演じる。同じ流儀内の他家とは共演するが、他の流儀と共演することは「異流共演」といい、特別の試みの場合以外は、原則として行われない。

江戸時代前期には、まだ流儀意識はそれほど強くはなく、異流共演はとくに珍しいことではなかった。中期以降になっても共演は行われており、むしろ自分の流儀にない演目を覚えるチャンスにもなっていたようである。

現代では稀な異流共演だが、昭和二八年には、大蔵流の三世山本東次郎と、六世野村万蔵、野村万作が「武悪」*で共演し、高い評価を受けるなど、意外な化学変化も楽しめる。

「武悪」のように、登場人物それぞれの心理描写に厚みがあり、演者が自らの技と個性を存分に発揮できるような曲は、異流共演にふさわしい演目といえるだろう。

大蔵流と和泉流の芸風の違いは、古拙な味わいを残す大蔵流、都会的で洗練された和泉流などと言われる。しかし、もちろんこれは大まかなとらえ方であり、同じ流儀でも、家ごとに芸風は異なる。演じ方の違いは、流儀や家の主義主張の違いともいえる。狂言を観賞する際には、それらを比較してみるのもおもしろいだろう。

武悪……不奉公者の武悪を討てと主人に命じられるが友情が先立って武悪を斬ることが出来ない太郎冠者。逆に武悪が幽霊に化けて主人をおどして…。

現在は和泉流・大蔵流の二流ですが、家によって継承しています Ⓐ

●和泉流

- 初世 野村萬斎（五世万造）一八六二～一九三八
  - 三宅藤九郎万介 一九〇一～九〇
    - 養子 和泉元秀（三宅保之）一九三七～九五
      - 元彌 一九七四～
    - 右近 一九四一～
      - 右矩 一九八三～
      - 近成 一九八五～
  - 六世 万蔵（初世万作）一八九八～一九七八
    - 萬（七世万蔵）一九三〇～
      - 万之丞（八世万蔵）一九五九～二〇〇四
        - 太一郎 一九九〇～
      - **九世 万蔵** 一九六五～
        - **万之丞** 一九九六～
        - 拳之介 一九九九～
    - 万作 一九三一～
      - **萬斎** 一九六六～
        - 裕基 一九九九～
    - 四郎（観世流シテ方）一九三六～
    - 万之介 一九三九～二〇一〇

- 十一世 野村又三郎 一八六五～一九四五
  - 十二世 又三郎 一九二一～二〇〇七
    - **十四世 又三郎** 一九七一～
      - 信朗 二〇〇一～

狂言共同社

- 二世 井上菊次郎 一八八四～一九四〇
  - 三世 菊次郎 一九一四～九九
    - **四世 菊次郎** 一九四一～
      - 松次郎 一九七一～
- 井上新三郎 一八八七～一九五五
  - 礼之助 一九一五～二〇〇〇
  - 佐藤秀雄 一九一二～八四
    - 友彦 一九四二～
      - 融 一九六九～

●大蔵流

- 十一世 茂山千五郎（三世千作）一八九六～一九八六
  - 四世 千作 一九一九～二〇一三
    - **五世 千作** 一九四五～
      - **十四世 千五郎** 一九七二～
      - 茂 一九七五～
    - 七五三 一九四七～
      - 宗彦 一九七五～
      - 逸平 一九七九～
    - 千三郎 一九六四～
  - 千之丞 一九二三～二〇一〇
    - あきら 一九五二～
      - 童司 一九八三～

- 古川久平 一八七四～一九四八
  - 七郎 一九一五～九九
    - 道郎 一九五二～
- 三世 茂山忠三郎 一八九五～一九五九
  - 四世 忠三郎 一九二八～二〇一一
    - **五世 忠三郎** 一九八二～
- 養子 善竹弥五郎（茂山久治）一八八三～一九六五
  - 善竹忠一郎 一九一〇～八七
    - **忠一郎** 一九四〇～
      - 隆司 一九七三～
      - 隆平 一九七七～
    - 忠重 一九四七～
      - 忠亮 一九八〇～
  - 宗家二十四世 大蔵彌右衛門 一九一二～二〇〇四
    - **宗家二十五世 彌右衛門** 一九四八～
      - 彌太郎 一九七四～
      - 基誠 一九七九～
    - 吉次郎 一九五〇～
      - 教義 一九八一～
  - 善竹玄三郎 一九一四～二〇一一
    - 長徳 一九四七～
      - 徳一郎 一九七五～
  - 善竹幸四郎 一九一六～九九
  - 善竹圭五郎 一九一八～九七
    - 十郎 一九四四～
      - 富太郎 一九七九～
      - 大二郎 一九八一～

- 三世 山本東次郎（河内晋）一八九八～一九六四
  - **四世 東次郎** 一九三七～
  - 則直 一九三九～二〇一〇
    - 泰太郎 一九七一～
      - 凛太郎 一九九三～
    - 則孝 一九七三～
  - 則俊 一九四二～
    - 則重 一九七七～
    - 則秀 一九七九～

（＊太字は当代）

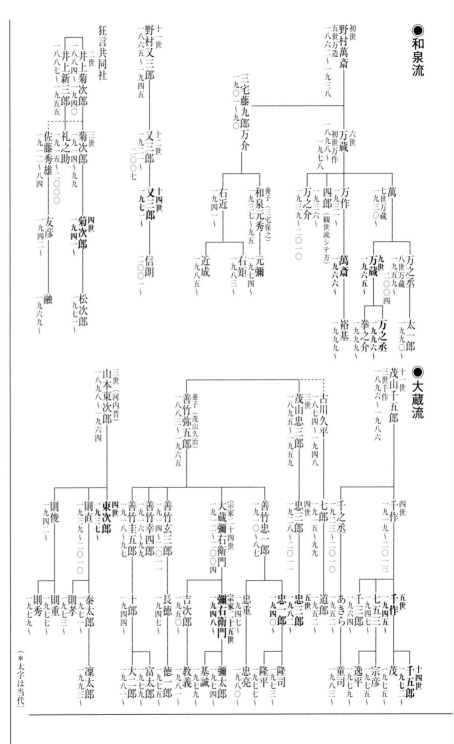

Ｑ「江戸前狂言」とは、何ですか？

◉萬斎

曾祖父《そうそふ》・初世萬斎は金沢から上京し、大変苦労して芸を磨いたと聞いています。写実的な芸風だったそうですが、祖父・六世万蔵は初世萬斎が指向した「真っ直ぐな芸」に、洗練された洒脱味《しゃだつみ》と人間賛歌の要素を加え、「江戸前狂言」を打ちたてました。

このころから狂言が独立した演劇として評価されるようになり、父・万作の若手の時代（一九五〇年頃）になると、新作狂言や前衛劇との共演など、新しい動きが盛んになりました。狂言は父から息子へ、師匠から弟子へ、と口写しで芸を伝えますが、私は父・万作から基本をたたき込まれ、祖父からは表現する喜びを教わったような気がします。

祖父の舞台は、私が観ていて子供心にも「活《い》き活《い》きと楽しそうにやっているなあ」と感じさせる「江戸前」の華やかさと洒脱さがあり、多くの人を魅了しました。

父は自分に厳しい職人肌の人で、抑制の効いた芸風には深みがあります。そして狂言を近代演劇にも並び得るものに押し上げました。

さて、自分は？　と言いますと、狂言と現代芸術の対峙を考えています。つまり、野村家は「江戸前狂言」を掲げながら、六世万蔵が狂言を近代化させた財産を、万作が現代化させ、私・萬斎がグローバル化させつつあるということです。

木六駄　初世野村萬斎

六世野村万蔵が開祖の、洗練された洒脱味あふれる狂言ですⒶ

木六駄　野村万作

木六駄　野村萬斎

木六駄　六世野村万蔵

Ｑ セリフが独特ですが…？

●萬斎

狂言は、抑揚豊かな日本語の形を残し、セリフの掛け合いの楽しさや長い語りの緩急自在な技術など、独特のリズムや素晴しい表現方法を持っています。

狂言を構成する「言葉」には、セリフ・語り・謡の三つが存在します。

セリフは「～でござる」とか「～でおりゃる」とか「～じゃ」という、口語体の文章をしゃべる行為です。

語りは「～にて候《そうろう》」に代表される候文、文語体で書かれた文章を様式的に話す行為です。

謡はそれを音楽的に昇華させたもので、室町時代の流行歌がベースになっているものもあります。

発音やアクセントが現代の言葉とは異なる場合がありますが、狂言のセリフは「二字目を張る」といって、二音節目を強調して抑揚をつけることによって、観客にセリフがより明確に伝わります。「このあたりのものでござる」というように発音するのです。

また、「今日は」を「こんにッタ」、「意見を」を「いけんノ」（*連声《れんじょう》）というように発音したり、「え　行くまい」（打消）、「な　行きそ」（禁止）など、独特の言い廻しが使われますので、古典の文法をある程度は理解しておく必要があるでしょう。

とかく日本語の乱れが取沙汰されるようになりましたが、狂言師は日本語のプロを自負し、美しい日本語の在り方を提示し続けています。

●解説

狂言の言葉は江戸時代になって固定した。もとになっているのは、室町時代の京阪地方の口語体である。

狂言の言葉をよく聞くと、登場人物の性格や設定によって、言葉が使い分けられていることに気づく。たとえば女性ならば自分を「わらは」と呼び、男性ならば「身共《みども》」と呼ぶなどの違いである。

また、人間関係を明確にするためにも使い分けが行われ、たとえば相手が自分より身分が高ければ「こなた」、低ければ「そち」と呼びかけたり、相手を敬っていれば丁寧な「ござる」を文末に用いて話を進めるが、敬意の低い相手や敵対関係にある相手には「おりゃる」や「じゃ」を多用したりする。

連声……音節の末尾の子音が、次の音節の頭の母音と連なって別の音節を作ること。

伝統的な美しい日本語を残しているのです A

宗論　浄土僧野村万作　法華僧野村萬斎

宗論【しゅうろん】

●あらすじ

二人の僧が旅先で道づれになったところ、お互い喧嘩相手の宗派であることが分かる。身延山で修行してきた法華僧は、何とか善光寺帰りの浄土僧をまいて逃げようとするのだが、しつこくつきまとわれてしまう。ようやく宿に逃げ込む法華僧と、追いかけてきた浄土僧は、食べ物にこじつけて宗論をはじめるが、決着のつかないまま眠ってしまう。翌朝浄土僧が「南無阿弥陀仏*」と唱えれば、法華僧は「南無妙法蓮華経*」と競い合う。そして…。

●萬斎

浄土僧は写実味を持たせ、法華僧は楷書の芸で様式的に演じることで対比を際だたせます。

南無阿弥陀仏……浄土宗、浄土僧が唱える念仏。
南無妙法蓮華経……日蓮宗、法華僧が唱える題目。

Q 笑いのない狂言はありますか？

●萬斎

すべての狂言が笑いを巻き起こすわけではありません。しみじみと味わいのあるもの、割りきれない哀しさを感じるものもあります。

「川上《かわかみ》」「清水座頭《きよみずざとう》」「月見座頭《つきみざとう》」などがそうした狂言の代表的な作品です。

「川上」では、ある夫婦の姿を通して、神仏から受ける加護と、生まれながらに身に負う運命との対立や、人間的幸福を求めての葛藤《かっとう》が鮮やかに描かれています。盲目の男が石段につまずくような写実的な演技と、杖を突くときの型に従った様式的な演技がともに求められ、演者としてやりがいのある名作です。

「劇場狂言」(118頁参照)としての初演の際には、盲目のシテには見えない世界を観客とともに見ているとして、蝋燭でかたどった地蔵菩薩を舞台奥に置いたり、視覚的な解釈を照明に反映させ、目が見えるようになって逆に見えなくなったものを示唆するなど、いろいろな演出を試みました。

「清水座頭」では、三年前の病気がもとで盲目になった瞽女《ごぜ》と座頭が、おのおの*参籠《さんろう》するために来た御堂《みどう》でぶつかり、喧嘩になります。しかし互いが神仏の加護で引き合わされた相手であることを知り、感謝して肯定的に生きることを謳歌《おうか》するようになるのです。しみじみとした舞台進行の中で謡われる、*狂言謡「平家」「地主」の二曲が、より一層趣を深くします。

「月見座頭」では、*上京《かみぎょう》の男と盲目の座頭との暖かい心の交流のあとに、上京の男が一八〇度の心変わりをするさまが描かれます。

最後に座頭を突き倒す男の豹変ぶりに人間存在の二面性を見せつけられ、深みに潜む人間の本性の不条理を描いていると考えられます。

もともと和泉流にはない曲でしたが、一九五五年に六世野村万蔵が鷺流の台本から改作試演し、その後野村万作が台本・演出に手を加えながら再演をかさねています。狂言に欠けていると思われがちなシリアスな要素ですが、こうした作品を上演することで、あるいは問題提起ともなり、演劇としての厚みもまた加わっていくのではないでしょうか。

狂言ではこうした作品を、結末が幸か不幸かという解釈はせず、普遍的な人間の営みとして、あるがままに演じ切ります。

参籠……神社・仏閣に、ある期間こもって祈ること。
狂言謡……狂言の中の歌謡的要素を総称した言葉。

人間の本質を掘りさげた不条理な曲もあります Ⓐ

川上　盲目の夫野村萬斎

川上【かわかみ】

●あらすじ

吉野の里に住む盲目の夫（シテ）が、川上の地蔵堂に参籠した結果、目が見えるようになるものの、「連れ添う妻は悪縁《あくえん》ゆえ離別《りべつ》せよ」とのお告げがあった。妻は嘆き悲しみ、別れたくないと言う。夫もその心にひかれて離縁しない決心をすると、その目はふたたび見えなくなる。悲しみのうちに、これも宿縁*とあきらめ…。

●萬斎

狂言の描く人間の存在の滑稽さは、神の目線で人間を俯瞰《ふかん》しているところから生じるように思うのですが、この曲などは運命をどう受け止めるかを問いかけており、喜劇の範囲を超えた味わい深さがあります。

上京……京都市北部の御所を中心とした一帯。
宿縁……前世の因縁。

Q 男女の恋愛を扱った演目はないのですか？

●萬斎

男女の情愛を扱う作品は意外に多いですが、現代ドラマのようなラブシーンや露骨な表現はしません。世阿弥は「習道書《しゅどうしょ》」という本の中で、わざと笑わせようとするような下品な笑いを戒め、狂言が目指すべき笑いは「幽玄の上階《じょうかい》のをかし」という、笑いの内に楽しみを含むような笑い、見物人一同がほほえみ、心豊かに楽しむ笑いであるべき、と述べています。

それは裏返せば狂言が成立した初期のころは、媚びを売るような演技や、下品な笑いがたくさんあったということでしょう。

狂言が、能とともに武家の式楽に発展していくうちに、武士文化の嗜好に合うように性的な事柄が排除され、洗練された品の良い表現を選択したことで、芸術的に昇華したのです。

●解説

*鎮西為朝《ちんぜいためとも》が鬼と首引きをする「首引《くびひき》」は、現在では、首に掛けたひもを為朝が強く引き鬼を転ばせるだけだが、天正狂言本（25頁参照）の結末では、後ろにひっくり返った姫鬼の上に男が乗って終わる。

このほか、女を倒して顔を磨き、水を掛けるという趣向の「面研《つらと》ぎ」など、卑猥《ひわい》な連想を呼ぶ演出が、昔の狂言にはかなりあったことがわかる。

しかしやがて、このような表現は影を潜《ひそ》める。「節分」「水汲」「花子《はなご》」（70頁参照）など、男女の情愛を表わした曲の場合でも、露骨なセリフや演技はなく、小歌*を謡うことによって、上品に男女の仲を表現するようになるのである。

Q 男女の仲を謡った小歌は？

A 狂言「花子」の中で、逢瀬ののちの男の心情を謡った有名な箇所の詞章を紹介します。

「更けゆく鐘、別れの鳥も、独り寝る夜は、さわらぬものを。柳の糸の乱れ心、いつ、いつ忘れうぞ、寝乱れ髪の面影。……」

（夜更けを告げる鐘の音も、別れの朝に鳴く鶏の声も、独り寝の夜だったなら、ちっとも気にはならないけれど。柳の糸のように、乱れに乱れる私の心。一体いつ忘れられるだろう。たった今別れてきたばかりの、あの人の寝乱れ髪の面影を。……）。

鎮西為朝……九州を治めていた源為朝のこと。源氏の名高い勇将。
小歌……狂言小歌。狂言謡の一種。特にリズムにのらない微妙な音の変化を強調した曲。

恋愛を扱う作品にも狂言の品の良さがありますⒶ

節分　鬼野村萬斎　女石田幸雄

節分【せつぶん】

●あらすじ

節分の夜、出雲大社へ年取り*に出かけた夫の留守に、*蓬莱《ほうらい》の島から来た鬼（シテ）が女を訪れる。女の美しさに心を奪われた鬼は、小歌を謡いながら言い寄るが、冷たくされて泣き出してしまう。その様子を見た女は心を許したと見せかけ、隠れ笠、隠れ蓑、打ち出の小槌《こづち》といった宝物を取り上げてしまう。鬼が気を許して家に入りこむと、女は豆まきをはじめ…。

●萬斎

鬼の方が、人間よりもかえって人間らしさがあったりします。逆に、鬼に対峙する女の方に人間の心に棲《す》む鬼の姿を描いており、その絶妙さが私の感性を刺激します。

年取り……大晦日の夜、または「節分」にする儀式。
蓬莱の島……中国の伝説、東海にあって仙人が住むという。

Q 能と狂言の関係について教えてください

●萬斎

能と狂言は合わせて「能楽」ともよばれ、切っても切れない関係です。滑稽な歌舞や物まねなどを要素とした散楽が日本古来の芸能と結びついて平安時代の中期頃に猿楽《さるがく》が成立しました。室町時代には、母体となった散楽に近い喜劇的要素の強いセリフ劇の狂言と、荘厳な歌舞劇の能とに分かれ成立したことから、「一卵性双生児」とも称されます。芸能としての源流を同じくし、能舞台を共有してきたため、発声法など細かい相違点を除けば、構エ、摺リ足など基本的な技術も共通しますが、演技の方向性は異なります。つまり、能は己の核に向かって観念的に内へとすすみ、狂言は人間の存在を客観的に外から見る、といえるかも知れません。

●解説

遅くとも十五世紀頃から、狂言は能と能との間に演じるのが通例となり、江戸時代には、五番立てで能と狂言を交互に上演するのが、正式の番組編成となった。能の間に狂言を挟んで上演する形態は、現代にも継承されており、歌舞が主体の能と、セリフ主体の狂言という特徴を際だたせ、相乗効果をあげている。

また、狂言に能役者が出演することはないが、能にはアイとして狂言役者が出演し、間《あい》狂言を演じることが多い（38頁参照）。

狂言には、夢幻能*の形式を模してパロディー化した、「舞狂言」という種類の曲がある。舞狂言には能と同じように地謡*や囃子が出て、役名もシテ・ワキ・アイと呼ばれる。

構成はどの曲もほぼ同じで、ワキの旅僧が次第*の囃子で登場し、アイの所の者と話をするうちにシテの亡霊が現れ、自分の最期の様子などを語った後、回向《えこう》を頼んで舞い留める。二部構成でない場合も多いが、滑稽なセリフなどもなく、様式的にきっちり能風に演じられる。中でも「通《つう》円《えん》」は、形式だけでなく、詞章がすべて能「頼政《よりまさ》」のもじりになっている点が、パロディーとしてたいへん見事な作品である。「通円」のシテは、茶を点《た》てまくった挙げ句に死んだ茶屋坊主である。他の舞狂言のシテも、「蛸《たこ》」は捕らえられ食べられた蛸、「野老《ところ》」は掘られて煮られた芋、「祐《ゆう》善《ぜん》」は日本一下手な傘職人、という風に、どれもとぼけた設定で、その点にも狂言らしさが感じられる。

夢幻能……能を代表する形式。世阿弥が多くの優れた夢幻能を完成させた。
地謡……能楽の中で謡を謡う役。

能・狂言は表裏一体の芸能、「一卵性双生児」です A

通円　通円野村萬斎

通円【つうえん】

●あらすじ

能「頼政」を徹底的にパロディー化した舞狂言。老武者源頼政*が平家との戦いに敗れ奈良に赴く途中、平等院に布陣するが、平家方のみごとな指揮に、辞世の歌を詠み自害する。平家の軍勢三百余騎が宇治川を渡るところを、狂言では都の道者《どうじゃ》たち三百人が通円（宇治の平等院で茶屋をいとなむ茶坊主）の点てた茶を飲もうと押し寄せる場面に…。扇は団扇に、刀は茶碗、柄杓《ひしゃく》、茶筅《ちゃせん》に見立てる。

●萬斎

僕はこの曲を演じながら、トム・クルーズの「カクテル」という映画を連想しました。バーテンダーが粋がってシェーカーを振り回す姿が、茶杓を振り回す通円の姿にダブって…。

次第の囃子……能の囃子事で、人物が登場する時、最も多く演奏される。
源頼政……平家討伐を企て高倉宮を擁して旗揚げしたが敗れ、二子を失い、自害する。

Q 能の中で狂言師が果たす役割は何ですか？

● 萬斎

狂言師が能の中で役を演じることを間《あい》狂言（略して間《あい》）と言い、能の約八割に存在します。また、間狂言を演じる狂言方のことをアイと呼び、狂言師は間狂言を演じることを大切にしています。

間狂言の持つ役割が分かる良い例が「姨捨《おばすて》」という大曲です。山に捨てられた老女が月に戯《たわむ》れ舞う曲ですが、老女がなぜ捨てられたのかは、間狂言によって語られます。夢幻の世界が表現されることの多い能の中で、アイは現実を生きる人間界の出来事を、能の雰囲気を壊さずに抑制した演技と語りで表現し、ドラマの緊張感を持続させることが求められ、アイを演じることで芸が精練されていきます。

● 解説

間狂言には語《かた》リ間《あい》とアシライ間がある。

語リ間の代表である居語《いがた》リは、前シテが中入《なかい》リ*している間に登場し、ワキ*にその土地にまつわる話を語る。座って語るので、居語リと呼ばれる。シテが着替え終わるまでの時間つなぎとして始まったもののようだが、現在では語り芸として確立され、一曲の解説役として重要な役割を持っている。

立チシャベリも語リ間の一種で、中入リの間に登場し、前場で起きた事件の顛末《てんまつ》を述べたり、舞を舞ったりする。立ったまましゃべり、ワキとの対話ではなく独演である点が特徴である。

アシライ間は、登場人物の一人を狂言師が担当することである。能力《のうりき》（僧侶の従者）や強力《ごうりき》（山伏の荷を持つ従者）、太刀持ち、従者など、他の役に従属する人物であることが多く、舞台の進行役的役割を担う。

好奇心が強いわりに臆病《おくびょう》で、おっちょこちょいで人情家といった、本狂言*の登場人物そのままの、道化的、庶民的な人物として描かれていることが多い。

たとえば、女人禁制の寺にシテの白拍子をうかうかと立ち入らせてしまう「道成寺」の能力や、禁を犯してシテの部屋を覗き、散らばる死体を見つけて腰を抜かす「黒塚」の能力などは、その代表例である。

中入リ……二場物の演目で、シテやワキが一旦楽屋や作り物にはいること。
ワキ……能の中でシテと相対する役。

間狂言を演じることも重要な役割です Ⓐ

能「姨捨」　アイ野村萬斎　居語り

能　姨捨【おばすて】

●あらすじ

都の男が仲秋の名月を見ようと姨捨山に赴くと、現れた中年の女に声を掛けられる。

女は、ここは昔、さる老女が捨てられた山で、自分はその時の老女であると明かして消える。

ここでアイ（里の男）の居語りになる。昔、和田の彦長という在所の者が、妻にそそのかされ、育ててくれた恩ある伯母を、仏を拝みに行こうと連れ出して、山に捨てた…といきさつを語る。

後半、女は老婆に姿を変え、自分は阿弥陀如来の脇侍であると語り、極楽の有様を賛美し、舞を舞いつづけ、旅人が帰ったあと、昔のようにひとり取り残され立ち尽くす。

本狂言……独立した劇としての狂言。間狂言と区別して言う時の名称。

Q 替間《かえあい》という言葉を聞きました。替間とは何ですか？

◉萬斎

狂言師が能の中で演じる間狂言に関する特殊演出のことを指します。主には常の間狂言に替えて、劇中劇のように能の中で狂言一番を演じることです。その演目は本狂言として独立して演じられることもあります（下記表参照）。

そのほか、能に小書《こがき》（特殊演出）がつくことによって、間狂言の演出が常とは変わる場合もあります。

例えば、「八（屋）島」は通常の間語りでは三保谷四郎《みおのやのしろう》と悪七兵衛景清《あくしちびょうえかげきよ》の*錣引《しころび》きの話ですが、「奈須与市語《なすのよいちのかたり》」と小書がつけば奈須与市の扇を射落とす話になります。「船弁慶《ふなべんけい》」で「早装束《はやしょうぞく》」の小書がつけば、船頭が中入りして船を出す時に装束の早替わりを行います。「安《あ》宅《たか》」に「貝立」の小書がつけば、法《ほ》螺《ら》貝《がい》を吹く型が挿入されます。

能	本狂言として演じられることもある替間（本狂言時の曲）
夜討曽我	大藤内《おおとうない》
賀茂（加茂）	*御田《おんだ》（田植）
白《しら》鬚《ひげ》	勧進聖《かんじんひじり》
嵐山	猿聟
橋弁慶	弦《つる》師《し》
輪蔵	鉢《はち》叩《たたき》
養老	薬《やく》水《すい》

錣引き……景清が四郎の兜の錣を掴んで引きちぎったという伝説。
御田……本狂言として演じられる場合は「田植」となる。

常とは違った演出で、間狂言を演じることです Ⓐ

猿聟　聟猿野村萬斎　舅猿野村万作　他

能　嵐山【あらしやま】

●あらすじ

嵐山に移植された吉野の桜の開花の様子を見にきた勅使《ちょくし》は、花を守り清めている老夫婦に出会う。二人は、この桜は神木なので、吉野山の神々がときおり訪れる、実は自分たちも木(子)守明神・勝手明神の夫婦だと明かして消える。ここでアイが登場、通常は末社*の神一人だが、替間の時は「猿聟」が上演される。後半、二人の神は若い男女の神の姿で現れ、神楽の音に合わせて舞を舞う。そこに蔵王権現《ざおうごんげん》も現れ、三神は実は一体であるといって、花に戯れ、春を寿ぐ。

猿聟【さるむこ】

嵐山に住む舅《しゅうと》猿のもとに、三吉野の聟猿が姫猿、供猿を連れ聟入りし、盃事《さかずきごと》を行う。最小限の決まり言葉以外は全員猿の鳴き声をセリフにする。

*末社……本社に従した神社。

Q 狂言に囃子方が出ることはありますか？

●萬斎

狂言では、正式に上演すれば現在演じられている曲の約三割が囃子を必要としますが、*次第や*一声などは省略してしまう場合もあります。

狂言の囃子は、軽めに基本的な手（リズム）だけを打ちます。これを狂言アシライと呼びます。

狂言独特の囃子として「八尾」「朝比奈」「瓜盗人」では笛、小鼓、大鼓、太鼓による〈*責メ〉、「金岡」「法師ケ母」「蝉」「通円」では〈*カケリ〉と呼ばれる笛、小鼓、大鼓による狂言アシライが入ります。

また、小鼓と笛とで演奏する〈神楽〉や、笛だけでアシラう〈*シャギリ〉や〈*棒振《ぼうふり》〉などは、狂言ならではのすばらしい囃子です。

例外的に「三番叟（62頁参照）」だけは本格的な囃子が入ります。

能では、囃子方は*床几《しょうぎ》に掛けて演奏しますが、狂言アシライや、居《い》囃《ばや》子《し》・舞《まい》囃子・素《す》囃子では床几を使わずに演奏します。

●解説

皆で口をそろえてほめそやし、相手の気分を盛りあげたり調子にのせることを、囃すといった。狂言では、酒宴の余興で小歌を歌ったりする場面で、扇で拍子をとり、相の手を入れて囃すことがしばしばある。また、楽器の演奏で囃すことがあり、これを囃子と呼んでいる。いわば、BGMで、にぎやかに浮き浮きと、場面にアクセントをつける効果がある。

能楽の囃子は、旋律楽器の能管（笛）と、打楽器の小鼓、大鼓、太鼓とで構成され、リズムが主体である。小鼓は下から打ち、大鼓は水平に打ち込み、太鼓は二本の撥《ばち》を振り下す。能管の素材は竹。小鼓、大鼓の素材は馬の皮に胴は桜である。素材は同

次第……人物の登場時に演奏される。　一声……霊、精霊の登場時に演奏される。
責メ……閻魔大王や鬼が亡者を地獄に落とす場面の囃子事。太鼓が入る。
カケリ……人物が物狂いの状態に入る場面の囃子事。太鼓は入らない。

狂言独特の囃子のリズムが楽しめる曲もあります Ⓐ

素囃子「盤渉楽《ばんしきがく》」　左より　太鼓 小寺真佐人　大鼓 亀井洋佑　小鼓 田邊恭資　笛 槻宅　聡

じだが、小鼓が適度に湿り気を必要とし、演奏中でも息を吹きかけ、注意を払うのに対して、大鼓は開演二時間前から炭火で皮を焙《ほう》じて乾燥させる。太鼓は明るく力強い音色のため、曲によっては全く用いられない場合がある。素材は牛の皮に欅《けやき》の胴。これら性格の異なった楽器が醸《かも》し出す絶妙のバランスが囃子の妙味で、また、打楽器の奏者が掛ける掛け声も囃子の一部である。

シャギリ……「末広かり」などで演奏される。　棒振……「鍋八撥」などで演奏される。
床几……腰掛、折りたたんで携帯用にも使用できる。

Q 狂言の基本的な姿勢はどんなものですか?

●萬斎

狂言は裸舞台で演じられ、「素手《すで》の芸」とも呼ばれます。つまり演者の身体・声でいかに空間・時間を支配するか、集中力を結集させるかが大切で、その究極の姿勢が〝構《かま》エ〟です。

肉体をオブジェ化させて、そこに立つだけで観客の目を集め、存在感を示します。

能・狂言は、動かないから面白くないとよくいわれますが、舞台で隙《すき》なく立つ、というのは、力を抜いて止まっているのではなく、前後左右のベクトルのバランスをとりながら、緊張して、エネルギーを集中させているのです。

その場にＳＴＯＰしているのではなく、ＳＴＡＹしている状態です。

狂言では常に腰のポイントを下に保ち、丹田《たんでん》(臍《へそ》の下の下腹部にあたるところ)に精神を集中して立ちます。この構エで早く動くと、どうしても腰が上がって来てしまいますので、常に腰を沈めて重心を下に保つように努力します。また、緊張感を持続させるために身体を前傾させて負荷をかけます(写真参照)。

これはよく使われる「腰を入れる」という言葉を具体化した姿勢で、農耕文化から来た日本の伝統的ポーズなのでしょう。逆に西洋では骨盤を上に向けて立つことが基本的な演技で「上へ上へ」という意識で動きます。あるバレエダンサーは「僕らは腰を上に向けて立つんだよ」と言っていました。

●解説

狂言の演技の基本となる正しい姿勢を〝構エ〟といい、その中でもとくに基礎的なものを「常の構エ」という。常の構エは、まず背筋を伸ばし、あごを軽く引いて、腰を後ろへやや引いてそらせる。これを腰を入れるという。この時、膝と足首はやや曲げる。腕は、両ひじをかえして張り、肩の力を抜いて、両脇に固定する。和泉流では、掌を軽く握って内側に向けるが、大蔵流では、掌は開いたままで、体につかず離れず太もものあたりにそえる。太郎冠者より主人の方が、やや足幅や腕の開きは大きい。また、大名はそれよりも一層腕も足も開き胸を張るし、逆に女は足を開かない、というように、役柄によって常の構エは多少かわる。

構エ—肉体をオブジェ化させ、隙なく立つことですⒶ

素袍落　太郎冠者野村萬斎

Q 狂言の基本的な歩き方を教えてください

●萬斎

能・狂言では橋掛リ（88頁参照）を通って本舞台に登場するのですが、日常の歩き方とは異なり、摺《す》リ足で歩きます。頭や腰の位置を変えずに摺リ足で平行移動する動作を運ビといいますが、これが能・狂言の基本的な歩き方になっています。橋掛リを摺リ足で移動する様子は、オブジェが「動く歩道」に乗っているように見えます。摺リ足の運ビに*序破急《じょはきゅう》で強弱を付けることによって、役の性格付けをすることもできます。太郎冠者はさらさらと軽めに、大名は大胆に、女性は小股に、というように。

《摺リ足の通常の運ビ》　名取川　僧野村萬斎

●解説

能も狂言も、舞台を歩くときは摺リ足が基本で、上下動したり、腕を振ったりすることなく、なめらかに動かなければならない。狂言は能に比べて写実性が強いため、運ビにもバリエーションがあり、中には、摺リ足で歩かない場合もある。酔っぱらいは千鳥足、鬼や山伏は足を大きく上げる、など、和泉流の役の置かれた状態や役柄によって、歩き方は工夫されている。

茸【くさびら】

●あらすじ

大きくて不気味な茸が屋敷に生え、いくら取ってもなくならず増えるばかり。困った主人に退治してほしい

序破急……狂言では、「序」でエネルギーをためて始動し、「破」でそれを発散させ加速し、「急」で一気に解放しスピードをあげる。動きだけでなく、エネルギーの消費の状態をいう。

運ビ——摺リ足が基本です Ⓐ

《足を上げる山伏の運ビ》　茸　山伏野村萬

《酔態の千鳥足の運ビ》　悪太郎　悪太郎野村萬斎

と頼まれた山伏は、加持祈祷するが、祈れば祈るほど、増えつづけ、動き回って向かってきたりする。疲れはてた山伏は、最後の気力を絞って祈るが……。

茸　山伏野村萬斎　他

◉萬斎

海外公演でも好評の曲です。現代社会の風刺劇としてもとらえられますが、皆さんは、増殖する茸をどのように解釈するでしょうか？

Q 声はどのように作られるのですか？

●萬斎

師匠と弟子が一対一で、セリフを一句ずつ口写しで稽古することで声を鍛錬していきます。狂言では、声・音声で舞台空間を埋めなくてはなりません。しゃべる・語る・謡うという様式性と写実性の入り組んだ声のバリエーションを"型"に従って巧みに使い分けるのです。多少高音にし、上げ下げをやわらかくすれば女になりますし、力強く張れば大名や山伏、写実味を込めれば坊主、というように、抑揚に変化をつけることで演じ分けます。舞台で語られる言葉は意味と音で成り立っていますが、ただ意味を伝えるのでなく、どんな声を使うか、間の取り方をどうすればその場の空気を支配できるか…それが狂言の面白さにつながります。

●解説

セリフをしゃべる声が狂言の声の基本となるが、他にも語る声、謡う声が使い分けられる。

"語リ"は、観客に向かってひとつの話を物語る話芸である。普通のセリフよりも改まった口調で力強く発声され、演者には高い技術と表現力が要求される。能の間狂言の語リ間や、本狂言では「文蔵《ぶんぞう》」「二千石《じせんせき》」「朝比奈《あさいな》」「釣狐《つりぎつね》」などに長い語リが入る。

「文蔵」の語リは、主人が太郎冠者に語って聞かせるという設定である。都で食べてきた珍しい物の名が思い出せない太郎冠者が、「源平盛衰記」の「石橋山の合戦の所」に出てきたと言うので、主人は重厚に語り始めるのだが、時折太郎冠者に向かって、「…所をばし喰ろうてあるか」と、くだけた調子で問いかける。語リから通常のセリフへと切り替わることで、源平合戦の世界から現実世界へと雰囲気も一変し、その変化の鮮やかさが、笑いを生む。

謡も狂言の修業に欠かせない要素である。狂言の謡は、バリエーションが豊富で、能の謡の一部分をそのまま謡うこともあるし、狂言独自の謡を謡うこともある。

狂言独特のリズム型をもつ一連の狂言謡は、狂言の稽古を始める際の最初のステップとして、必ず教えられるものである。稽古を繰り返し、謡を暗誦することによって、狂言の発声やリズムが自然と体得されるのである。狂言独自の謡には他に、メロディアスな小歌や、言葉と節の中間的なイロ詞《ことば》*、囃子物などがある。

イロ詞……言葉をリズミカルに唱えること。

師とのセリフのキャッチボールで作られます Ⓐ

文蔵　　野村萬斎

文蔵【ぶんぞう】

●あらすじ

無断で旅に出た太郎冠者を叱った主人だが、京都見物に行って伯父のところに立ち寄ったというので許し、馳走になったものを尋ねるが冠者は思い出せない。確か主人がつねづね読む草子の中に出てきたものだと言う冠者に、主人は石橋山の合戦物語を語る。「真田の与一が乳母親に文蔵と答ふる」のくだりでやっと思い出し、その文蔵を食べたという冠者に、主人はそれは温糟粥《うんぞうがゆ》のことだと言い、主に骨を折らせたことを叱る。

●萬斎

「文蔵」の語りは長く、描写力も求められるので大変ですが、太郎冠者との掛合いも重要なポイントです。

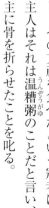

Q 狂言の動きは決まっているのですか？

●萬斎

狂言を演じるときの一定の*所作《しょさ》を、”型“といいます。これは料理のレシピのようなものです。方法が決まっていて、その通りにすれば一応の料理が出来上がるようになっています。立つ位置からセリフの抑揚、動きの一つ一つまでが、先人の知恵で洗練された技術としての”型“となって伝わっているのです。

普通の演劇はどこにどう立つか、どう動くかを一から考えますが、狂言では”型“を連続させることで演じることができます。

別の言い方をすればコンピューターのプログラムのソフトのようなもので、”型“として記号化された声と身体で舞台に立ち、それを連続させているのです。

●解説

所作が定型化されているという点では、能も狂言も同じである。ただ、能には舞踊的動きが多いので、たとえば、後ろに下がりながら両腕を張る「ヒラキ」などのように、特定の意味をもたない所作もある。

狂言の場合は能よりは写実的であるが、リアリズムに徹しているわけではない。

たとえば泣く演技は、「エへ、エへ、エーへエへエへ」と大声をあげながら、手で目を抑え、頭を下げて、体を揺する。誰が泣く場合でも、この所作は共通であり、役柄に合わせたリアルな泣き方はしない。

他にも、笑う、人を訪問する、歩く、祈る、腕まくりをする、扉を開ける、立ち聞きする、酒を注ぐ、飲む、のぞき見する、姿を隠す、寝る、神仏を拝む、何かを思いつく、船を漕《こ》ぐ、相撲《すもう》をとる、などありとあらゆる動きがあらかじめ定まっている。狂言の演技は、”型“の集積なのである。

Q ”型“を新しく作ることはあるのですか？

A 狂言を新しく作るときは、現在ある”型“を工夫して使いますが、新しい演出を施すなどして、今までにない状況が出てきた時は”型“を創作することがあります。

「法螺侍《ほらざむらい》」の洗濯籠に人を詰めて、天秤棒で担ぐ場面では、籠そのものはあえて出さずに、天秤棒の下を囃子に合わせて転がりながら進むことで、籠の中で転げ回るイメージを出しました。

所作……行い、ふるまい、動作。

狂言は“型”の連続で演じられます Ⓐ

《食う》　附子　太郎冠者野村萬斎

《笑う》　文相撲　大名野村萬斎

《馬に乗る》　止動方角　太郎冠者野村萬斎

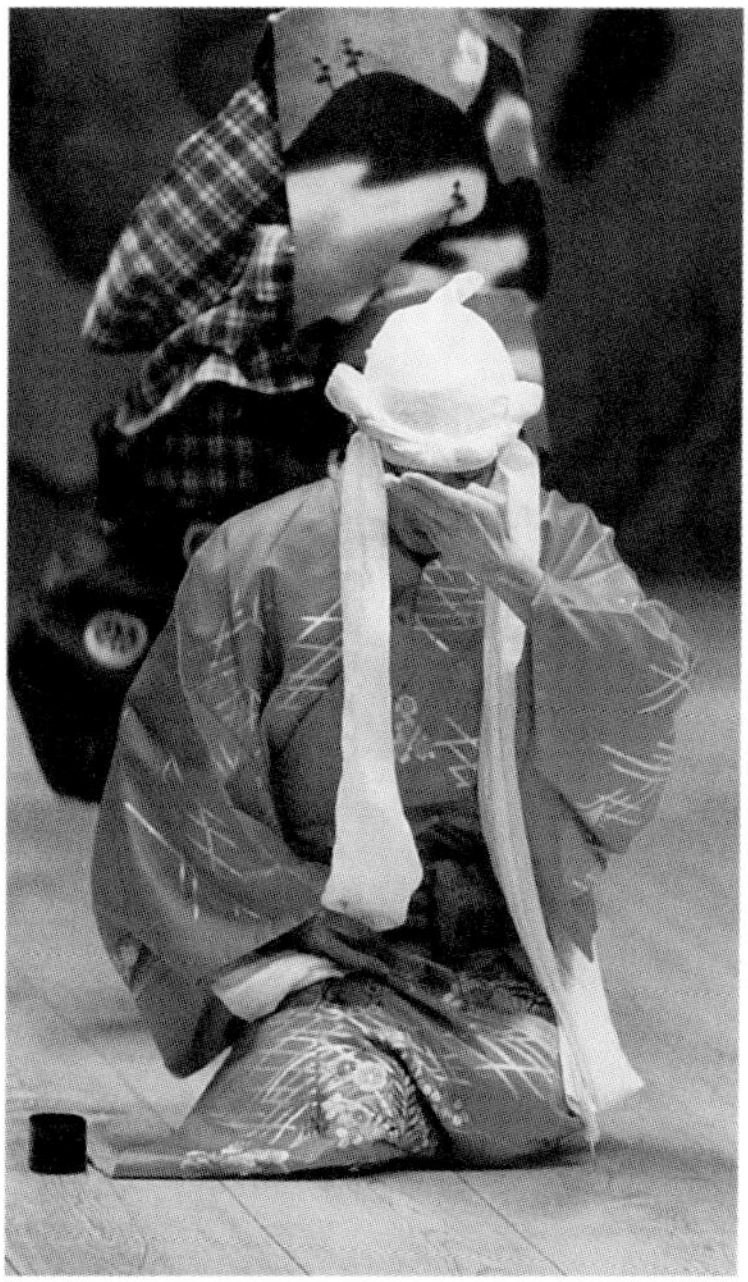

《泣く》　墨塗　女野村萬斎

Q舞台上での決まり事はありますか？

●萬斎

決まり事を知っていると、狂言がもっと楽しく観賞出来ます。

例えば「道行《みちゆき》」といって舞台を一周すれば、どんなに遠い所でも目的地に到着したことになります。白装束の人物は、裸または病人・死人であることを意味します。

また、演者が退場せずに舞台奥に座っているのは基本的にその場面には参加していないことを表しますが、その間も表情を変えずに一点を見つめて動きません。これも構エの一つで、狂言の決まり事です。

”型“や決まり事によって、演者も観客も想像力をはたらかせながら楽しむことが出来ます。

●解説

狂言では、シテ柱・目付柱・ワキ柱（88頁参照）を結ぶ三角形の範囲内を動くことになっているので、そこからはずれた狂言座・後見座・笛座前（88頁参照）に座っている人は、その場にいない人ということになる。したがって、人物が後見座や笛座前で後ろ向きに座ると、舞台上からいなくなったと思わなければならない。

また、笛座前や大小前に正面を向いて座っている時も、その場には存在していないことになる。

太郎冠者を使いに出した主人は、笛座前に座る。出かけた太郎冠者が都や海道に到着し、他の人物と会話を交わしている間も、主人は太郎冠者と同じ舞台上に座り続けているが、実はその場にはいないのである。太郎冠者が帰宅し主人を呼ぶと、主人は立ち上がって一歩前に出る。この動きによってはじめて、主人は舞台に復帰したことになる。

橋掛リは、登場人物が出てくる通路としてだけではなく、本舞台（88頁参照）とは別の場所という設定で利用されることがある。たとえば、本舞台が屋敷内で橋掛リが玄関先とか、本舞台が舟の上で橋掛リが川岸などという使い方である。狭い舞台に奥行きを出すための、巧みな手法といえる。

対話の場面で、一時的に相手に背を向けてセリフを言うことや、さらには背を向け合った二人が、同時に別々のセリフを発する場合がある。このようなセリフは相手に聞こえないという設定となっており、独り言、あるいは心の声と考えることができる。

〈道行〉

①

②

③

④

〈道行の基本的な動き〉

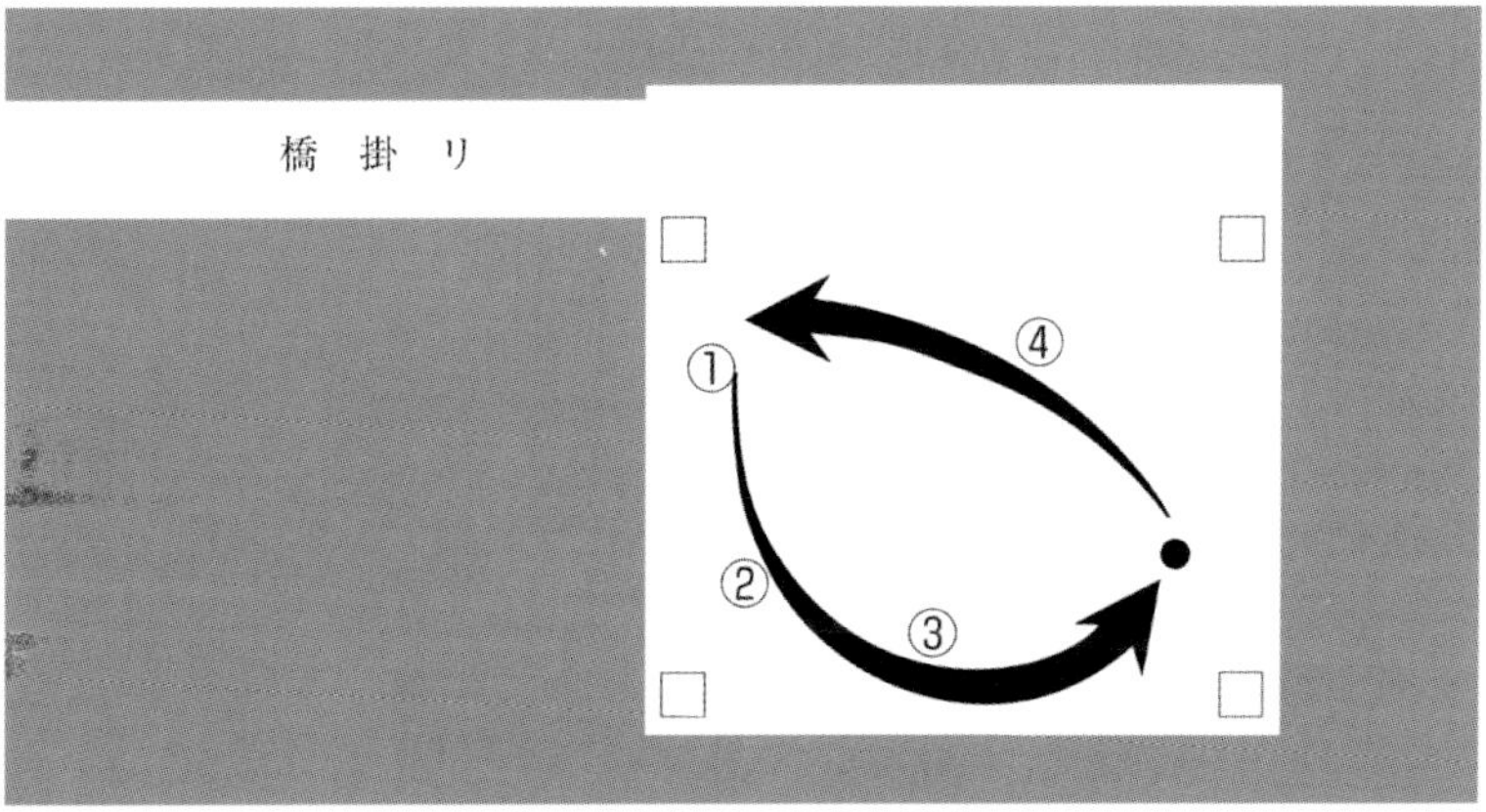

●印で足を掛けて方向転換する

「道行《みちゆき》」など、たくさんの決まり事があります A

Q 小舞とは何ですか？

◉萬斎

小舞は、狂言の中の酒宴や祝いの席の場面で舞われる舞のことです。また紋付袴姿で地謡に合わせて独立して舞う短い舞のことも指します。狂言も、能と同じように歌舞二曲を演技の基本としており、小舞の稽古をすることで、狂言師としての身体の基礎を作っていきます。能の*仕舞《しまい》が抽象的なのに対し、狂言の小舞は写実的な型が多く、詞章に対するあて振り的な要素が多く見られます。狂言の謡は小歌や小舞謡と呼ばれ、舞とセットになっていることが多いです。謡には、中世に流行した歌謡などを取り入れた狂言独自のものと、能の謡を取り入れたものがあり、多様な音曲が存在します。

◉解説

小舞を舞うときに謡われるのが、小舞謡である。酒宴の場面では、舞われる曲が定められていないことも多く、その時々の流行歌が取り入れられていたようだ。

狂言で謡われる小歌も、室町時代に流行した歌謡である。「水汲《みずくみ》」「鳴子《なるこ》」など、小舞物と呼ばれる作品で謡われることが多い。中世の小歌を集めた『閑吟集《かんぎんしゅう》』や『宗安《そうあん》小歌集』などがあるが、そこに収録されている歌謡の何首かは、狂言でも謡われている。また『閑吟集』には、狂言歌謡であることを示す「狂」という肩書きが付された小歌がいくつかあり、これはその歌謡が謡われる「鳴子」「枕物狂《まくらものぐるい》」といった曲の原型が、室町後期に既に存在していたことを示している。

仕舞……能一曲のうち、見せ所だけを地謡によって紋付袴姿で舞う。

狂言師の身体の基礎としても重要な舞のことです Ⓐ

小舞「野老」　野村萬斎

野老【ところ】

● あらすじ

奥丹波の僧が都に行く途中、野勢《のせ》の郡《こおり》に着く。そこに様子ありげな卒都《そと》婆《ば》があるので、あたりの人に尋ねると、去年の春に山人《やまびと》が大きな野老を掘り出してみなで食べたが、その後、野老のたたりが出るので卒都婆を建てたと語る。

僧が弔うと野老の幽霊があらわれて、山深く棲んでいたのに山人に鋤《すき》や鍬《くわ》で掘り起こされ、釜で煮られ料理されたさまを、カケリ*をまじえ、地獄極楽を食べ物尽くしの縁語でテンポよく謡い舞い、成仏したと告げて終わる。

カケリ……能の小段。働事。「翔」とも記す。笛・小鼓・大鼓で奏する。

Q 狂言師になるにはどうしたらいいですか？

● 萬斎

私は狂言の家に生まれたので、父の跡を継いで狂言師になりましたが、プロの狂言師を目指す道はいくつかあります。

まずは狂言師に弟子入りして修業する方法。また、国立能楽堂の養成科に入学する方法もあります。国立能楽堂能楽養成研修は三年に一度、必要に応じて生徒を募集します。基礎研修課程三年、専門研修課程三年の併せて六年で、受講料は無料。奨学金制度もあります。他にも、東京芸術大学の音楽学部邦楽科に入学するのも一つの方法です。

いずれの方法でも、数年単位の見習い期間を経てから舞台に立つことになります。狂言師になるには長い時間が必要ですが、なった後もすぐにいろいろな役ができるわけではありません。日々の稽古や舞台を通して学ぶことはいくらでもあります。修業の道に終わりはありません。

Q 狂言師は全演目を覚えているのですか？

A 現在演じられている狂言の曲は、二〇〇曲以上あります。それら全部を覚えているわけではありませんので、初めて演じる時は、まず師匠からセリフの稽古を受け、抑揚を習います。覚えた後に動きの稽古を受けて、"型"を習います。既に演じたことのある曲はセリフを思い出し、型を確認して自分で稽古し、「*申合せ《もうしあわせ》」で師匠に見てもらいます。

Q 舞台俳優のように、発声練習、ストレッチなど、基本的なトレーニングを毎日行っているのですか？

A 特別なことはしていません。狂言の稽古そのものがトレーニングなのです。

Q 能の謡や仕舞、囃子なども勉強するのですか？

A 能楽に携わる者の教養として、若いころに一通りは勉強します。

申合せ……本番に先立って行う通し稽古。リハーサルのこと。

狂言の家に生まれなくても、道はいくつかあります Ⓐ

稽古風景　野村万作（左）　中村修一（中央）　飯田豪（右）　（東京新聞 撮影）

Q 狂言はどのように教わるのですか？

●萬斎

師匠と一対一で、師匠の"型"をコピーしながら身につけます。動物の親が子にエサの捕り方や身の護り方を身をもって教えるのと同じです。

これを「口伝《くでん》」と言いますが、"型"をコピーするだけでなくて、イメージをも捉《とら》える必要があるのです。たとえば同じ構エ（基本姿勢）をしようとしても、人間の身体のバランスは一人一人違うので、師匠と同じ角度で関節を曲げても同じ型にはなりません。セリフや謡も同様です。同じ大きさ、高さの声を出しても中身が伴わなければ意味がありません。つまり「口伝」とは、セリフや所作だけでなくエネルギーや血流といった、身体内部の瞬発的《しゅんぱつてき》な力や気のようなものまで伝授することを意味しています。

弟子の個性や意思などは無視して、狂言師としての機能をより多く身体に植え込むのが、プログラマーとしての師匠の役目である、ともいえます。修業の過程では、師の教え通りに狂言の様式を大切に演じなければいけません。そして受け継いだものを正確に正しく演じられなければ、スタートラインに立つことが出来ないのです。

●解説

狂言独特のリズム型を持った一連の狂言謡を、口写しで覚えることから稽古は始められる。謡を覚えることで、リズムや間の取り方なども体に覚え込ませるのである。

狂言の中のさまざまな所作も、師匠のやる通りをまねて覚える。所作の習得の基礎となるのは、舞の稽古である。

所作の基本となる運ビや構エは、舞によってまず身につけられ、さらに、舞台空間の生かし方なども理解されていく。

このように、写実性の重視されたセリフ劇である狂言でも、芸の土台は歌舞にあるといい、謡と舞が、質の高い演技を培うための重要なポイントであることがわかる。

狂言の稽古は厳しいそうで萬斎の場合も、言われたとおりに出来ないと、何度も叱られたり物が飛んできたりして、万作はとにかく恐い存在だったという。

親子もしくは師弟間の「口伝」によって伝えます Ⓐ

長男・野村裕基に「靫猿」の稽古をつける野村萬斎（野村よいや舞台にて）

靫猿《うつぼざる》——芸の継承——

◉萬斎

緊迫から愁嘆、そして和楽へと劇的な構成と展開を持った狂言の大曲です。「猿に始まり狐に終わる」という狂言師の修業過程を表わす言葉のとおり、狂言の家に生まれた子供は、三、四歳のとき「靫猿」の子猿役で初舞台を踏み、「釣狐《つりぎつね》」の古狐の役を演じることで一人前の狂言師として認められます。

私の初舞台は一九七〇年二月、三歳の時で、大名は祖父・六世万蔵、猿曳《さるひき》は父・万作の親子三代の共演でした。二〇〇三年九月には万作の大名、私の猿曳で長男・裕基《ゆうき》が初舞台を踏みました。

三、四歳の幼な子に対し、父親や祖父は師匠として愛情を注ぎつつも、その家と芸を継いでいく者として厳しく芸を叩き込みます。そうして無自覚のうちに狂言師としての第一歩を踏み出すのです。「靫猿」は狂言の芸の継承の在り方が一番分かりやすく現れる曲なのではないかと思います。

◉解説

「靫猿」の猿の演技は、前半は「キャアキャアキャア」という猿の鳴き声や、ノミをとったり落ち着きなく動き回ったりする動きの物まねが中心である。後半は、猿唄に合わせた舞が中心となり、扇を手にして跳ね回ったり、猿曳の指示に従って横になったり、月を眺めるまねをしたりする。その愛らしい子猿の舞は、猿役の子供のあどけなさに重なり合い、大名だけでなく、観客たちをも夢中にさせる。子供に子猿役をさせるのは、物まねという狂言の重要な要素をまず学ばせ、さらに舞によって狂言のリズムを感じ取らせるのが一つの目的である。

前半の重苦しい雰囲気が、猿曳と子猿との切々とした情愛の場面を転機として、なごやかな笑いへと劇的に転換していく。大名の大らかさが祝言的な気分を醸し出す。

靫猿【うつぼざる】

◉あらすじ

靫*に張りたいからと、生きた猿の皮を大名に所望《しょもう》された猿曳が、泣く泣く子猿を殺そうとするが、子猿のあどけない仕種《しぐさ》に殺せない。不憫《ふびん》に思った大名が命令を撤回し、猿曳はお礼に猿唄を謡い、子猿に舞わせると、大名までうかれて舞いはじめ…。

靫……矢をさしこんでおく筒状の容器。

野村家では靭猿の子猿役で初舞台を踏みます

靭猿　猿曳野村萬斎　子猿野村裕基

翁《おきな》・三番叟《さんばそう》

●萬斎

「翁」は常の能とも狂言とも違う神聖な曲とされ、「翁」の中で狂言師の勤める役を「三番叟」と言います。「三番叟」を勤める際には、出演者は精進潔斎して臨み、「別火《べっか》」と言って、生活で使う火を家族と別にします。楽屋でも「翁」の出演者は別の火鉢にあたったりします。

女性と接することも厳禁で、楽屋の出入りも遠慮してもらっています。楽屋入りの前に演者に話しかけることもご法度です。

上演前には揚げ幕の奥の鏡の間（88頁参照）に据えた祭壇に、翁面を納めた*面箱《めんばこ》を祀《まつ》り、切り火を打ったり、神酒をいただいたりして清めの祭儀を行い、厳かな気持ちで上演に臨みます。

●解説

千歳《せんざい》・翁・三番叟の三人の役者が、順に祝祷の舞を舞うもので、能楽大成前の古態を多く留めた特殊な演目である。その特殊性は、*狩衣《かりぎぬ》・*指貫《さしぬき》を着たシテ以下、各役《かくやく》が*素袍《すおう》上下に烏《え》帽《ぼ》子《し》姿で登場することや、面箱を捧げ持った役を先頭とし、列を作って登場すること、小鼓《こつづみ》方が三人出ることなどさまざまな面からうかがえる。

さて、各役が所定の位置につくと、シテが「とうとうたらり、たらりら」と謡い出す。まずは千歳と呼ばれる若者の舞が舞われ、その間にシテは白式尉《はくしきじょう》の面を着けて翁となり、天下太平・国土安穏《あんのん》を祈る舞を舞う。ここでは面が神体と見なされる。演者が衆人の前で、面を着けて神に変身するというのも、この演目の特殊な点の一つである。荘重な舞を舞い終わったシテは、舞台上で面をはずし、深々と礼をした後、退場する。

次いで狂言方が三番叟の〝揉《もみ》之《の》段《だん》〟を舞う。舞い手自ら掛声を発し、勢い良く足拍子を踏み、飛び上がる。力強く躍動感あふれる舞である。次に後見座で黒式尉《こくしきじょう》の面を着け、鈴を手に持ち〝鈴《すず》之《の》段《だん》〟を舞う。ゆっくりとしたテンポで始まり、足拍子を踏んだり、種蒔《たねま》きのような所作を演じたりする。翁が天下太平を祈るのに対して、三番叟の舞は、五穀豊《ごこくほう》穣《じょう》を言祝《ことほ》ぐ意味合いを持っている。段々とテンポが速まり、それにつれ激しく振られる鈴の音には、あふれるような生命力が感じられる。なお、三番叟だけを独立した演目として演じることもある。

面箱……御輿に相当する。箱の中には、翁面（白式尉・黒式尉）の二面が入っている。
狩衣……広袖で上に着る平安時代の公家の単衣。脇は縫わない。

能楽大成以前からの神事が芸能化されたもので、日本の芸能の真髄です

三番叟揉之段　野村萬斎

指貫……袴の種類、裾を紐で指し貫くことからきた。
素袍……直垂の一種、室町時代には庶民の服装だったが、江戸時代には礼服になる。

三番叟《さんばそう》（三番三*）

●萬斎――

「三番叟」を披《ひら》*いたのは十七歳の時です。父の洗練された「三番叟」に憧れていた私は、初めて自分から率先して稽古に臨みました。

実際の舞台では、狂言で初めて「ノル」という感覚を体験し、それまで〝型〟の習得ばかりで、がんじがらめになっていた私を一気に解放してくれました。縦ノリのリズムの繰り返しは、まるでモーリス・ベジャール振付のバレエ「ボレロ」のようです。

演者も観客も潮が満ちていくように高揚して、クライマックスへと昇りつめていきますが、そこには生命力の根源があり、宇宙へ飛ばされるような壮大な世界観を感じるのです。

舞台全体をトリップした精神状態に持ってゆくためには、揉出《もみだし》という大鼓の手（リズム）がとても重要になります。大鼓が裏拍を突き上げるように打ってくると、エネルギーを集中させて座っている自分の体内がボコボコと沸き上がってきます。

そして、「立チ頭《がしら》」という大鼓の手で、沸騰したマグマがドドーっと噴火するように立ち上がり、「おおさえおおさえおお　喜びありや喜びありや」と声を発して本舞台に出て行くのです。

この謡は囃子方の声の上を行くようなハイテンションな声でないと、その後の舞台に気合が入りません。

前半部分の〝揉《もみ》之段《だん》〟では「ヤ、ハンハ」と掛け声を掛け、足拍子を多く踏みながら舞います。

囃子方と掛け声を和しながら舞っていると、舞台上で囃子方と会話をしているような、互いに高め合っていく感覚になります。

後半部分の〝鈴之段〟で面を着けて神に扮すると、一転して厳かな気持ちになります。掛け声はなく、手に持った鈴を、大地に種を蒔くように振ります。

自然に囃子方と一体化し、だんだんテンポが速まって盛り上がると、ちょうど螺旋《らせん》をのぼっていくように高揚します。うまく行くと囃子に身を任せて、覚醒《かくせい》していく感覚が確かにあるのです。

「〜喜びありや〜」や、〝揉《もみ》之段《だん》〟と〝鈴之段〟の間の千歳《せんざい》*との問答で、「〜千秋萬歳所繁昌と〜」と言うところは、観ているお客様に向かって声を掛けて、その場を言祝《ことほ》いでいるような意識が強くなります。

三番三……大蔵流での表記。
披キ……習物（68頁参照）の演目を初めて演じることを披くと言う。

三番叟鈴之段　野村萬斎

千歳……翁が金春・金剛・喜多流シテ方の時、狂言方が勤める。
観世・宝生流シテ方の時は、シテ方が勤め、狂言方は面箱役で登場する。

狂言師が舞う究極の舞です

奈須与市語《なすのよいちのかたり》

◉萬斎

三、四歳で「靭猿」を被いた後、普通は十四、五歳で「奈須与市語」を披きますが、私の場合は変声期が長引いて、低い声になるまで時間がかかり、二十歳になって披きました。主人公の与市は、二十歳ということなので、ちょうど同じ歳の自分を重ね、感情移入して演じました。

この語りは「八島*」の特殊な間《あい》狂言で、一人三役を言葉と所作で演じ分けるというたいへん難しい役どころなのです。相手役もなく、言葉の抑揚、緩急、音の高低・硬軟・間《ま》などが一曲の中にすべて取り入れられている語りを、一人で展開していくダイナミズムは快感に近いものを覚えます。

◉解説

能「八島」の間狂言は、通常は、八島の男がワキ僧に向かって、景清と三保谷《みおのや》との錣《しころ》引きの話を語って聞かせる「語リ間」である。錣引きの代わりに替間《かえあい》*「奈須与市語」は、『平家物語』の「那須与一の事」に基づいた、与市が船上の扇の的を見事に射落とす物語を仕方話《しかたばなし》*にしたもので、狂言師の修業において非常に大きな意味を持った秘伝の曲である。

この語りは、座ったままで長々と語る通常の居語りとは違い、登場人物三人（与市、義経、後藤兵衛実基《ひょうえさねもと》）の役柄と、語り手の立場とを瞬時に入れ替えながら、直接話法で演じられる。セリフの緩急や抑揚、間の取り方などの語りの技術を駆使し、戦場の緊迫感を表現しなければならないため、語りの基礎力が必要なのはもちろんだが、高い表現力も求められる。この語りの稽古を通じ、狂言師として必要な、息の扱い方の技術が把握されるのだという。

しかも語るだけでなく、馬に乗ったり矢を射たりする激しい所作も多い。たとえば、与市が馬に乗って海に入っていくところは、扇を弓のように持ち、片手で手綱を操り、勢いよく膝歩きをする所作によって、馬が進んでいく態を表現する。また、扇の的を射落とす場面では、大きく振り上げた両手をサッと下ろす所作によって、扇の要に矢が当たった瞬間を切り取ってみせる。語りでありながら見てもおもしろく、独立した演目として上演されることも多い。

八島……能の曲名、観世流は「屋島」。
奈須与市語……大蔵流は那須語、那須与一といい、大蔵流山本家は語那須という。

一人三役を演じ分ける難しい役どころです

奈須与市語　披キ　野村武司（現 萬斎）

奈須与市語【なすのよいちのかたり】

●あらすじ

八島の戦で、海上の平家方から、扇の的を立てた一艘の舟が漕ぎ出る。源氏の大将義経は、後藤兵衛実基の献策で、弓の名手・奈須与市宗高に、扇を射ることを命じる。義経の厳命で与市は止むなく馬を海中に乗り入れ、神明に祈りを捧げると、波に揺れる的が一瞬静止する。すかさず与市の放つ矢に、扇は夕暮れの波間にひらめき落ちる。源平両家の軍勢の賞賛の中、与市は…。

仕方話……身振りも加えて話すこと。

釣狐《つりぎつね》

●萬斎

二十二歳でこの曲を披《ひら》き、二〇〇六年、四十歳で再演を果たしました。大きな意味のある秘曲であり、片手間には取り組めないのです。もともと暗いイメージの狐が人間に化け、狐の本性を人間の本性に重ねて表現するという、狂言には珍しい陰のある内容です。狐の獣性を表現するためには、普段は左足から出るところを右足から出たり、胸や肘を張らないで身体を縮め背を丸めるというように、狂言の基本動作の逆の動きをします。習物《ならいもの》とよばれる師匠の許可がなければ演じることの出来ない曲の一つで、「花子」とともに大習《おおならい》と称される狂言の最高秘曲です。父・万作は「釣狐」の名手といわれ、普通の狂言師であれば一生に二、三回上演するところを、六十歳までに二十数回演じています。二〇一四年以降は、面をつけず、前場のみを袴で演じることにもたびたび挑んでいます。父の調子のいい時には私のアンテナがぶるぶる震えるような感触があり、本当にそこに狐がいるような感じがするほどでした。

●解説

「釣狐」の見どころは、白蔵主《はくぞうす》という僧が、自分の化け具合を水に映して確かめたり、犬の声に驚いて飛び上がって逃げたり、狐の恐ろしさを甥《おい》に諭《さと》すために長大な物語を語ったり、捨て罠を発見して餌の誘惑にとらわれたりする、体力気力の限界に挑戦するかのような数々の秘事の連続である。白蔵主という人間の役ではあるが、実は狐でもあるので、物まねの二重構造になる点が興味深い。後半は狐の獣性をあらわにし、よりリアルに狐の物まねをする。重苦しい雰囲気の前半に比して、ユーモラスな展開となる。

釣狐【つりぎつね】

●あらすじ

猟師に身内全員を殺され、自分が狙われる身になった百歳の老狐が、一計を案じ、猟師の伯父（白蔵主）に化けて、狐を釣らぬよう諭しに出かけて説得に成功する。しかし、帰途、伯父が狐の化身だったことに気づいた猟師が仕掛けた罠を前に…。

狂言修業の卒業論文です

釣狐　白蔵主野村萬斎

花子《はなご》

◉萬斎

節目となる大曲を「三番叟《さんばそう》」「奈須与市語《なすのよいちのかたり》」「釣狐」と順に披いてきましたが、それぞれ厳しい稽古で、新しい技術を学ぶ楽しみがありました。しかし、「花子」（99頁参照）はそれらとはちがった、深みと言うべきなのか、技術だけでは解決できない人間描写がテキストになっており、稽古するうちに、シテの男に親近感を持つようになりました。

他の狂言のように、いわゆる単純化され誇張されたキャラクターを型にはまって演じるのと違って、複雑な心理、それを構築していく構成力が必要です。また遊女花子との逢瀬《おうせ》というエロティックな題材にも、この曲の特殊な一面を見いだせます。

*位取り《くらいどり》が重要で、浮気をするシテの男は決してゲスな男であってはならず、品位を損なわないようにしながら、非常に難しい節付けがなされた謡による逢瀬の様子と、セリフによる現在の状況を自由自在に行き来しなくてはなりません。

面白さと品格を持たせるのとを両立させなければならない、そのあたりが、大曲・難曲である所以《ゆえん》かと思います。謡とセリフの音、そして間《ま》の取り方によって品格を出します。

二〇一二年秋には、「真」・「行」・「草」という、三種の小書（特殊演出）にも挑戦しました。それぞれ装束が異なるので、自然と心持ちも変わり、それに伴う位取りも変わります。

◉解説

前半は、男と妻と太郎冠者の三者によるセリフのやりとりで進んでいく。妻をだまそうとする男、太郎冠者を身代わりにするための男の説得、男の浮気を知った妻の怒りなど、軽妙な喜劇的場面が続く。後半は、男が花子との逢瀬を長々と語り、ほとんど独演となる。逢瀬の様子を生々しいセリフではなく、小歌（34頁参照）によって表現するのが特徴である。『閑吟集《かんぎんしゅう》』所収《しょしゅう》の歌謡も多く歌われており、室町時代の流行歌を取り入れた可能性が考えられる。節回しは複雑で、静かな曲調のものから軽快なテンポのものまで、変化に富んでいる。

位取り……それぞれの曲・役柄の品格を出すこと。

花子　男野村萬斎

狂言修業の修士論文　心・技・体の集大成です

Ｑどんな面がありますか？

◉萬斎

狂言は基本的には素顔（直面《ひためん》）で演じますが、神仏、鬼、動物など人間以外の存在や老人・醜女を演じる場合には面を使います。

面はまた、能楽堂・劇場など、上演形態の違いによっても使い分けています。

さほど特徴的に見えなくても、だんだんと凄みが出てくるというようなものが、面として本来の在り方だと思いますが、能楽堂でこそ、そうした面が威力を発揮します。

一方、いわゆる新面は彫刻的な作られ方をしていることが多いので、遠目でも面が持つ性格の違いがはっきり分かりますから、広いホールで使うのに向いています。

◉解説

狂言面は全部で二十数種類ある。その中には、たとえば、大黒の役に使う「大黒」や老人の役に使う「祖父《おおじ》」のように、決まった役に用いられる面がある。他にも、「毘沙門《びしゃもん》」や「夷《えびす》」のような福神の面、「乙《おと》」や「尼」のような顔に特徴のある人物の面、「狐」や「猿」などの動物の面などはこの類の面である。

一方、「武悪《ぶあく》」、「賢徳《けんとく》」、「空吹《うそふき》」といった代表的な狂言面は、特定の役に限らず、様々な役で使われる。「賢徳」は、動物の役に用いられることが多く、馬も牛も蟹《かに》も同じ賢徳の面をつけて演じる。

とがった口が特徴の「空吹」は、その特徴を生かし、蚊や蛸《たこ》の精の役などに使われる。

「武悪」は、鬼や閻魔《えんま》大王の役に用いられる。また「武悪」は、小道具として用いられることも多く、鬼に扮して人を脅すといった設定の時に、舞台上でつけて用いる。このような面の使い方は、能には見られない狂言独特のやり方である。

Ｑ　新作狂言では面も新しく作るのですか？

Ａ　古典の曲に出てこない面は新しく作ります。古い面の写しの写しとして作られる能面より、狂言の方が制約が少なくて創作面が多いですね。長男・裕基が「靫猿《うつぼざる》」を披いたときにも、新しい子猿の面を作りました。

神・鬼・動物・醜女・老人の面などがありますⒶ

賢徳

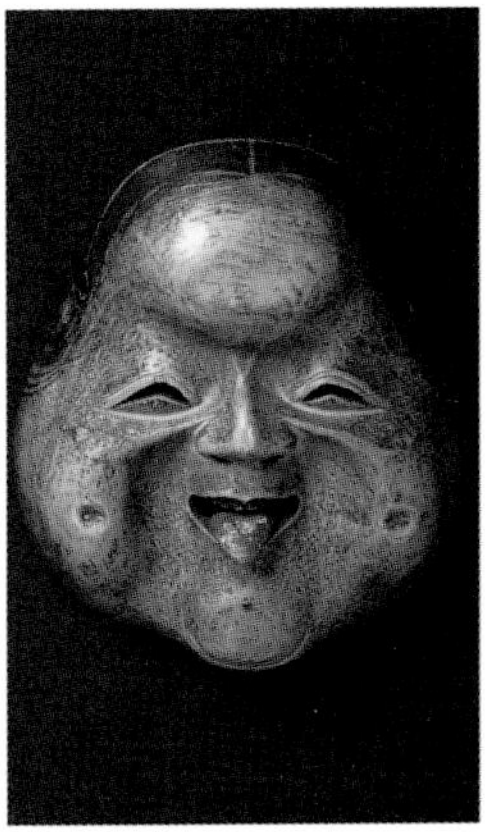
舌出し乙

武悪

福の神

祖父

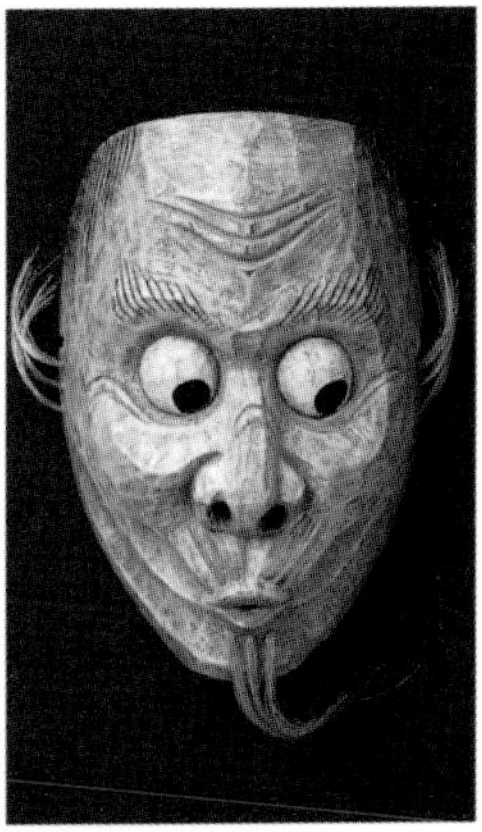
空吹

狐

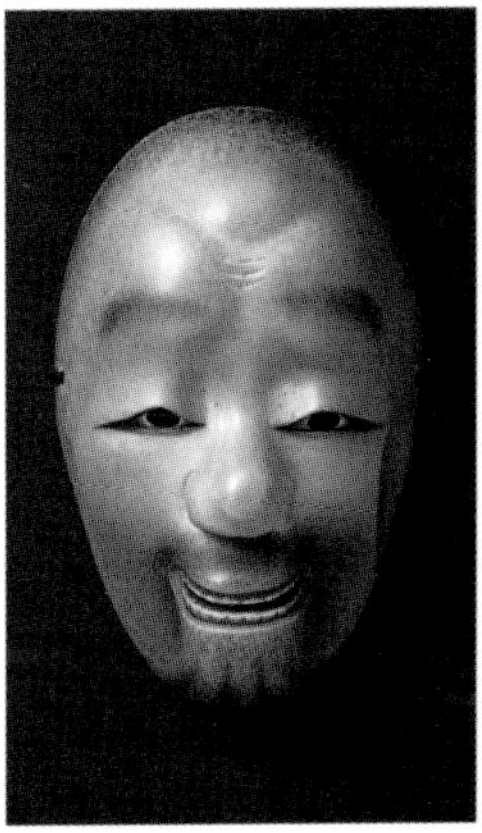
白蔵主

子猿

Q 舞台左隅に座っている人は誰ですか？

◉萬斎

後見《こうけん》は、座っているだけのように見えて実はとても重要な存在です。装束の準備・着付や、舞台での装束替え・小道具の受け渡しを行うほか、演者に不測の事態が生じた場合はすぐに代役をつとめるなど、演者とともに曲を支えているのです。

狂言では、後見は基本的に一人ですが、重*い曲や人数の多い曲では、二人の場合もあり、いずれも紋付袴姿です。特別な会では、演者より先輩格の人が勤めることが多く、裃《かみしも》を着用します。特に大曲の披キの場合には長裃を着けます。

後見野村万作　破石澄元

Q 裏方さんの仕事にはどんなものがありますか？

A 楽屋を手伝う人は裏方と言わず、働キと呼びます。幕揚げや切戸の開閉のほかに、その日の演目にあわせて揃えられた装束を会場に運ぶ鞄持ちや運転手役、舞台の管理や掃除から、作り物（78頁参照）の準備などを行います。修業中の内弟子が働キを勤めます。

重い曲……大曲や習物など、扱いの重い曲のこと。
魚説法……大蔵流では魚説経（うおぜっきょう）という。　住持……寺の住職のこと。

魚説法　新発意野村遼太　後見野村萬斎

髭櫓翔入　夫野村萬斎　注進野村裕

魚説法*【うおせっぽう】

●あらすじ

堂を建立し、その供養を住持*に頼もうと施主*が寺を訪ねるが、住持は留守で見習中の僧である新発意*《しんぼち》が留守番をしていたので、施主はその新発意に説法を頼むことにする。

新発意は説法を説いたことはないがお布施は欲しい。そこで、子供のころから海辺に住んでいたので「かやうにめで鯛《たい》御代によも鮑《あわび》とぞ思ふ」と魚の名をならべて「煤けに鱸《すずき》たる乾鮭色《からざけいろ》の袈裟を掛け、鮓《すし》しゃうの数珠をつまぐり、高麗鮫《こうらいざめ》の上に、……」などと説法を始める。はじめはおとなしく聞いていた施主だったが、やがて……。

施主……葬式または法事などをする当主。寺に物を寄進する人。
新発意…出家して間もない者。

Ⓠ扇はどんな時に使いますか？

●萬斎

扇は舞扇として使われる以外にも、広げて使えば、酒を飲むための徳利や盃、家の戸や酒蔵の扉にもなります。扇を広げずに使えば、刀や鋸《のこぎり》、箸・筆などにも変身し、座って膝の上に立てると寝ていることを表す小道具になります。

能楽師（能・狂言の演者）の扇は、侍にとっての刀と同じ意味合いがあり、武士階級の流れにいる、ということで、袴を履《は》く時は必ず扇を腰に差します。丸腰でいてはいけないのです。暑いからといって扇であおいではいけない、投げてもいけないなど、丁寧に扱うようやかましく言われます。また扇には決まりの文様や骨の形、長さの違いなど、各流儀の主張もあります。

●解説

狂言では、能ほど扇に難しい決まりはない。また、能と違って四季を特定できる曲も少ないので、比較的自由に、上演する季節に合わせて扇を選択する。

扇には、閉じても先端が半開き状態になる「中啓《ちゅうけい》」*（「末広かり」で太郎冠者が買いに行かされるのはこのタイプの扇）と、閉じている「鎮折扇《しずめおり》」*の二種類がある。中啓は、装束付けが能装束に準じる時、「三番叟」や「福の神」などの曲で用いる。演者だけでなく、後見も地謡も囃子方も、舞台に上がる人はすべて扇を持って出る。これらの人々が持つのは鎮折扇で、流儀によってそれぞれ統一した図柄が描かれている。これをキマリ扇という。

Ⓠ 鎮折扇は、流儀による決まり文様があるのですか？

Ⓐ 和泉流では雪輪文、大蔵流では若松三本を描いた扇が決まりとなっていますが、近年はこだわりなく扇を選んで使っています。

Ⓠ 役柄によって、使う扇が違いますか？

Ⓐ 野村家では、太郎冠者は鳥子《とりのこ》地に絵柄のある物、主・大名は金地に絵柄入り、女は銀地または金地（黒骨は用いず）に絵柄入り、僧は砂子地または墨絵の中啓を使用します。写真にあるように奈須与市語専用の扇もあります。

中啓……親骨が途中から外側に曲げられていて、閉じても先が半開きの扇。
鎮折扇……親骨が通常のように真直な扇。

舞を舞う時以外にも、小道具として万能に使います Ⓐ

本金地立波　奈須与市語専用

鳥子地千鳥　萬斎釣狐披キ配扇

松ニ鶴亀　三番叟中啓

Q 小道具・作り物はどんなものがありますか？

●萬斎

小道具・作り物は、狂言特有の誇張や見立てに重要な役割を果たしています。葛桶《かずらおけ》は床几として腰掛けに使うほか、茶壺、酒樽から、「附子《ぶす》」では砂糖壺、「柿山伏」では山伏が登る木になる（81頁参照）など、用途の広い便利な小道具の一つです。また、「鳴子《なるこ》」で使う鳴子、「隠狸《かくしだぬき》」の狸の縫いぐるみなど簡潔で愛嬌のあるものがあります。他に、「髭櫓《ひげやぐら》」では口ひげを守るための小さな櫓に巨大な毛抜きを配して大小が逆転した面白さがあり、「宗八」では本物そっくりの俎板、魚、箸、包丁が登場するなど、曲に応じていろいろな小道具が使われています。

宗八の小道具　俎板《まな》　魚（鯛・鮒）・箸・包丁

作り物は原則として、折り畳んでコンパクトになるように設定されていますし、「花盗人」の桜の木、「庵梅《いおりのうめ》」の大藁屋など、能と共用するものが多くあります。

Q 能舞台の背面は、なぜ鏡板《かがみいた》と言うのですか？

A 奈良・春日若宮おん祭の影向《ようごう》の松に春日大明神が天降ったと伝えられ、古来、この松に向って各芸能がささげられてきました。現在も、おん祭では影向の松に向かって芸能を行っています。能舞台では、この影向の松が背面に描かれているのですが、これは本来は舞台の前にある、影向の松が鏡に映った姿なので、鏡板と言われます。

葛桶・扇、舞台上に置かれる庵などがあります A

髭櫓 翔入　夫 野村萬斎（中央）　中村修一（右）　内藤　連（左）

髭櫓【ひげやぐら】

● あらすじ

大髭が自慢の男が、その髭を見込まれて、*大嘗会《だいじょうえ》で犀《さい》の鉾《ほこ》を持つ役に選ばれた。

衣装をあつらえてくれるよう、妻にたのむと、妻は貧乏だから無理だといい、この役に選ばれたのも髭のせいである、迷惑なことだと非難するので、怒った男は妻を打ち据える。妻は腹を立て、近所の女房たちと、長刀、鎌などを手にして逆襲してくる。自慢の髭を守るために、髭に櫓をかけて防戦する夫だが…。

大嘗会……天皇が即位後、初めて行う新嘗祭。

Q 装束のコーディネートに決まりはありますか？

●萬斎

装束は役柄によって身に着けるものが違います。基本的な約束事を踏まえた上で、柄や色、デザインからコーディネートまで、すべて自分たちで考えます。例えば山伏の水衣《みずごろも》には、無地と縞《しま》模様がありますが、六世・万蔵のころから「中に大格子を着る時には無地の水衣を、厚板を着る時には縞の水衣を合わせる」のが私共の家では心得になっています。格子模様が映えるように無地を羽織る、縞模様とぶつからないように落ち着いたトーンの厚板を合わせるなど、ちょうど洋服のコーディネートに通じるものがあります。これも装束を揃える人のセンスによって決められるものなのです。私は特に季節感を重視して選びます。

●解説

狂言の扮装は、かなり類型化されているが、たとえば、太郎冠者の扮装は、縞熨斗目《のしめ》に肩衣、狂言袴と腰帯の決まりはあっても色の組み合わせは自由であり、縞熨斗目も沢山のバリエーションがある。上着は縞模様で下は丸尽し模様、肩衣《かたぎぬ》は上演曲と季節の雰囲気に合わせ、腰帯のアクセントをつけて登場となる。

しかし、主人、大名となると、素袍《すおう》裃の下に段熨斗目、素袍は草花などの賑やかな文様に大名烏帽子（黒）や侍烏帽子（聟は飾り紐が赤）をつけた姿となる。紅白の段熨斗目は聟・大名の時だけである。

庶民でも、すっぱ役の場合や旅行中の場合は、袴の裾をくくって*脚絆《きゃはん》をつけ、活動的であることを示し、年貢を納める百姓は、短い袴に素袍の上だけを着て、あらたまった状況であることを示す。

また、僧侶や山伏などの職業、鬼や動物など人間以外の者を表わす扮装、女性や老人などを表わす扮装もある。一定のルールさえ覚えれば、名乗る前にその人物の身分や職業は大体見当が付くのである。

役柄によって、衿の色にも決まりがある。太郎冠者、百姓は花色・小豆色（赤紫）や、渋めの色を用いる。山伏、鬼は黒色・紺色、小豆色など、濃いめの色、主人、大名、果報者は浅黄色などの薄い色、僧侶は茶色、女性、神は赤衿などと決まっているが、これも装束に合わせて考えられている。

脚絆……旅に出る時に歩き易くするために臑《すね》に巻く布。

色の組合わせは、演者の好みで選べます Ⓐ

柿山伏　山伏野村裕基

柿山伏【かきやまぶし】

◉あらすじ

修行をして帰国途中の山伏が、のどの渇きを覚えると、ちょうど道端に柿の木を見つける。

取ろうとするが、手が届かず、石を投げても当たらない。とうとう柿の木に登って、いくつも食べてしまう。折しも見回りに来た畑主は、木陰に隠れた山伏を見つけ、腹を立てつつも、からかってやろうと思い立つ。犬だ、猿だと次々に鳴きまねをさせられた山伏、ついには空飛ぶ鳶のまねをするよう言われて…。

Q 肩衣はどのようにデザインされているのですか？

●萬斎

肩衣は太郎冠者など庶民の扮装に用いる肩の尖った上着ですが、背中に動物、植物から鬼瓦までさまざまなモチーフが、大きな文様として描かれていて、もっとも狂言らしい装束です。

能装束のような刺繡や織物ではなく、麻を使うので大胆に染め抜くことで特徴を見せることが出来ます。素材を大胆にデフォルメした絵柄は、アンディ・ウォーホルのポップアート作品にもつながる斬新なデザインです。

●解説

肩衣は、観客に見せることの多い背中をまるでキャンバスのように生かし、大胆な図柄を一面に描いた印象的な装束である。

兎や猿などの動物、かまきりやとんぼなどの昆虫、あざみやたんぽぽなどの植物、その他、大蕪《おおかぶ》、ひょうたん、月、碁石と碁盤など、描かれる題材は多岐にわたる。また鉈《なた》と蜘蛛の巣などの意表を突いたデザインや、背中いっぱいに鬼瓦を描いたり、瓢箪《ひょうたん》と馬を描いて「ひょうたんから駒」を表したりといった、ユーモラスな表現も多く見られる。

Q 古くからの装束を使っているのですか？

A 古くから伝わる狂言の装束には美術品としての価値のあるものが多いのですが、素材は麻が主なので傷みが激しく、また、現代人である能楽師との体型の差もあり、実際の舞台では写しを使用しています。手入れとしては、水洗いはせず、毎年八月頃に、虫干しを行います。

Q 装束の管理はどのように行っているのですか？

A 装束は、それぞれの家・グループで管理しています。公演の際は、舞台に立つ全員の装束をコーディネートして用意し、会場まで狂言師自身が運びます。

森羅万象や身の廻りの物をモチーフにしています Ⓐ

蟹ニ泡文様肩衣

並ビ矢羽文様肩衣

碁石文様肩衣　三人片輪　野村萬斎

三人片輪【さんにんかたわ】

● あらすじ

有徳人が身体障害者を召し抱えるとの高札*を出す。賭博で負けた男たちがこれを見て、盲人や足の不自由な男、唖者にと、たくみに偽って障害者になりすまして雇われる。それを知らない有徳人は三人にそれぞれ軽《かる》*物蔵《ものぐら》、酒蔵、金蔵の番を命じて出かけると、留守をよいことに、三人はいつもの姿に戻り、さっそく酒蔵をあけ酒盛りを始める。やがて有徳人が帰宅し…。

● 萬斎

人間のたくましさを感じさせる作品です。酒宴の場面で舞われる小舞「風車」「兎」「景清後」もみどころです。

高札……人目につくように、高く掲げる告知板。
軽物蔵……絹布など目方の軽いものを納めておく蔵。

Ⓠ装束などに使われる紋・文様の由来を教えてください

●萬斎

狂言の紋として基本的なものに肩衣や素袍などに使われている「雪輪に薺《なずな》」（「雪輪に蒲公英《たんぽぽ》」）があります。厳しい冬のさなか、雪を被ってもしっかりと根を張り、逞《たくま》しく生き延びてゆく姿には、狂言という庶民的で力強い芸能の生命力が重ねられ、そこに先人たちの願いが込められているのではないでしょうか。

また、私の家では折帳《おりちょう》という家紋の替え紋や、萬《よろず》の字を図案化した丸紋を扇や腰帯、袴などに模様としてあしらっています。

装束を新調する際には、自分でデザインを考えることもあり、「蝸牛《かぎゅう》」（103頁写真参照）の山伏でよく使う厚《あつ》板《いた》は、三巴、巻雲などの文様を使って蝸牛《かたつむり》の形に似せてみました。

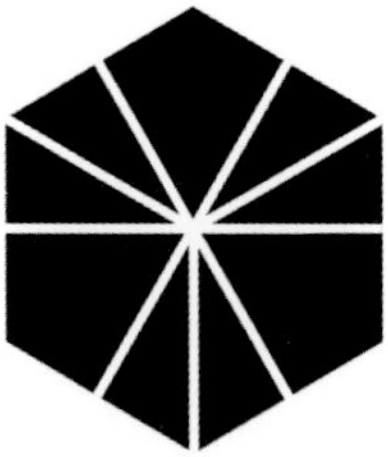

折帳紋

葛桶・扇などに使用

丸ニ萬字紋

狂言袴などに使用

Ⓠ袴の前にさがっているのは何ですか？

Ⓐ腰帯といい、素袍姿や長裃姿以外の男役の装束に用います。役柄で種類が違いますが、紋は単なる模様で深い意味はありません。

Ⓠ太郎冠者が着けている狂言袴の文様にはどんなものがありますか？

Ⓐ丸尽くしといって、丸の中に稲・亀甲・杵《きね》・帆・笠・石臼など庶民の生活感をうかがわせる絵柄が配されています。

雪薺《ゆきなずな》など、意味を込めた文様があります Ⓐ

薄茶地鹿角巻雲三巴厚板（萬斎デザイン）

雪薺紋

狂言袴

腰帯

Q 装束はどうやって着ますか？

●萬斎

演者が自分で着るのは、胴着《どうぎ》という綿入れと足袋だけで、あとは前後から後見や働キが短時間で正確に着付けていきます。

太郎冠者の装束の場合、まず胴着に紺系の衿を巻きこみます。

次に縞熨斗目《しまのしめ》を羽織り、胴帯で締めてから狂言袴を履きます。最後に肩衣を羽織り、腰帯でこれを締めて完了です。

時間にして最短で二分半、演者はこの間に日常の世界から舞台の異空間へ、身も心も切り替えるのです。

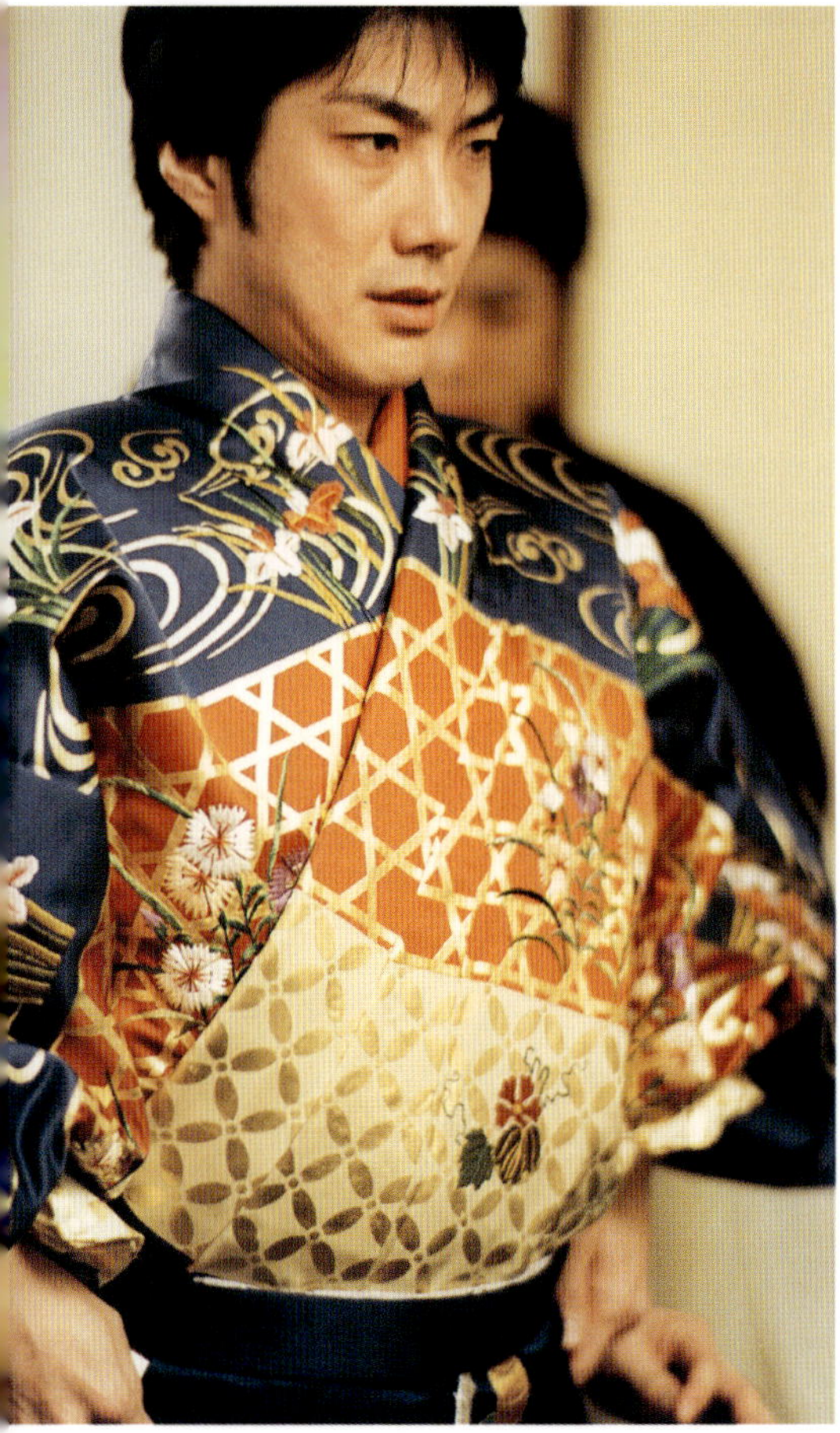

Q 狂言の足袋の色は？

A 能では白足袋を履きますが、狂言では黄色のごく細かい縞の入った狂言足袋を用います。白足袋が作られる以前の時代に、鹿皮を使っていた名残だそうです。

Q 狂言に早替わりのようなものはありますか？

A 装束を着せかえる時と下に着込んでいる時とあります。中入リするのが普通ですが、簡単な時は後見座など舞台上で着替えます。

主に後見や働キを勤める者が着付けします Ⓐ

写真は、私の家の定例公演である「野村狂言座」の楽屋で「田植」の神主の装束を付けているところです。数名の者で手際よく着付けています。

Q 能舞台はどうなっているのですか？

能舞台の名称

①能舞台　屋外の能舞台を建物のなかに入れ込んだのは明治以降のこと。屋根は昔の名残をとどめたものです。

②白洲《しらす》　能舞台が屋外にあった時の名残で、玉石が敷かれています。

③階《きざはし》　舞台の開始を寺社奉行が命じる時などに使用したころの名残です。

④鏡板《かがみいた》　老松が大きく描かれており、背景というよりも舞台の一部といえます。松羽目《まつばめ》とは歌舞伎の用語で、能・狂言では使われません。

⑤本舞台　三間《けん》*四方の舞台には檜が縦に張られています。

⑥橋掛《はしがか》リ　演者が出入りする通路であるとともに、舞台の延長としての重要な演技空間でもあります。

⑦笛柱《ふえばしら》　笛方がこの柱の側に座るのでこの名があります。笛柱の下に道成寺の鐘をつるす綱を通す環があります。

⑧ワキ柱　能のワキ方が常にこの柱の側に座るのでこの名があります。

⑨シテ柱　シテが常にいる位置（＝常座）の側にあるのでこの名があります。

⑩目付《めつけ》柱　能面をつけ極度に視野が狭められた演者の位置の目標となる柱です。

⑪地謡《じうたい》座　能の地謡が座る位置です。狂言の地謡は囃子座（⑭～⑰の総称）の後方に座ります。

⑫狂言座（間《あい》座）　間《あい》狂言をつとめる狂言方が控えて座る場所です。

⑬後見《こうけん》座　後見の定位置です。

⑭笛座　笛方の定位置です。左に、⑮小鼓《こつづみ》座・⑯大鼓《おおつづみ》座・⑰太鼓《たいこ》座と並びます。

⑱松　向かって右から一の松、二の松、三の松と呼ばれ、順に小さくして遠近感を出しています。

⑲切戸口《きりどぐち》　地謡や後見の出入りや演者の退場に使用されます。

⑳揚《あ》げ幕《まく》　演者の出入りに際し、二人の後見《こうけん》が竹竿《たけざお》でこの幕を上げ下ろしします。

㉑鏡の間　揚げ幕の奥が鏡の間です。楽屋で装束を身につけ、この鏡の間で面をつけ、舞台に向かいます。演者にとって神聖な場所です。

一間……約1.8メートル。

狂言や能を演じるための工夫がたくさんあります Ⓐ

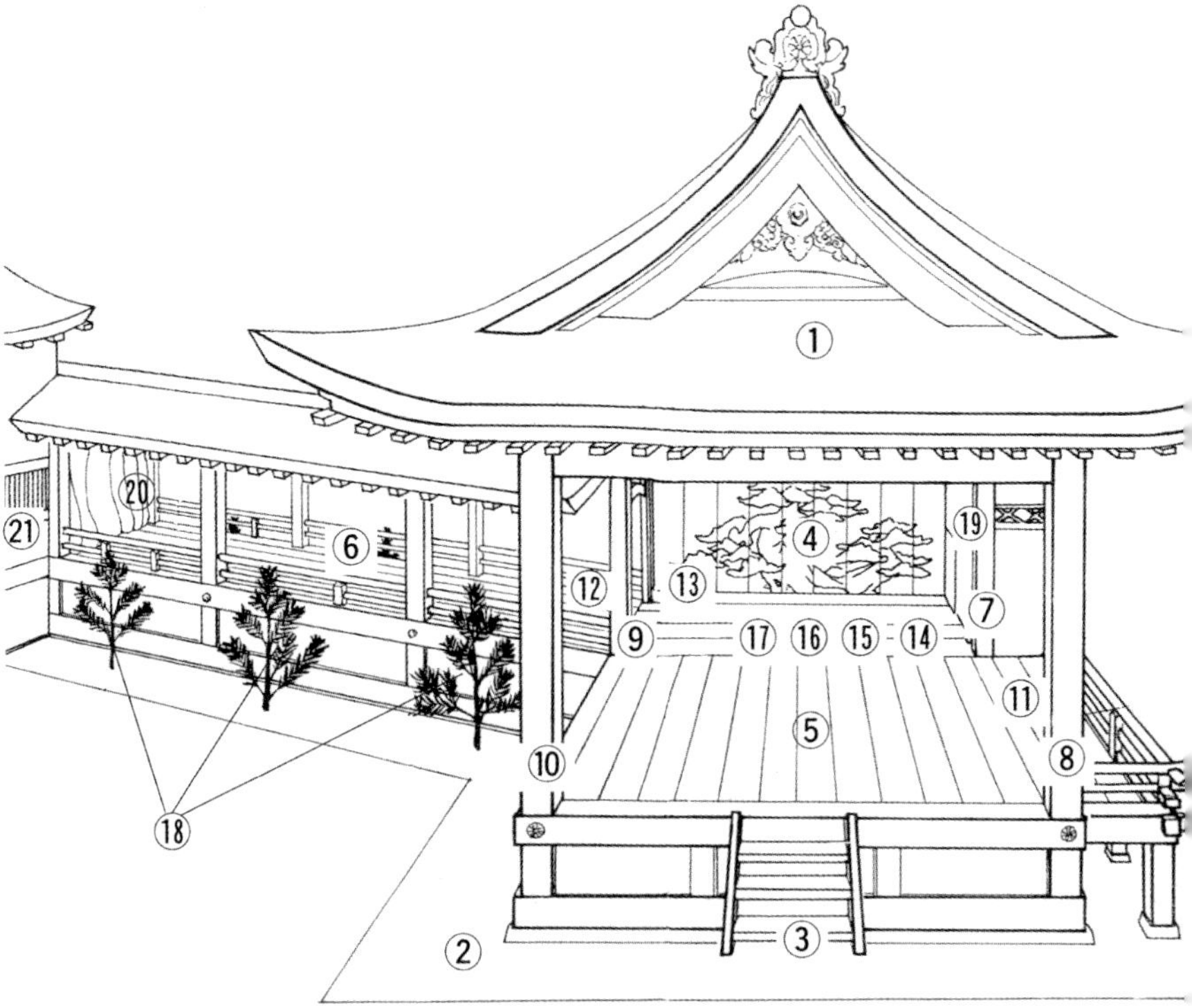

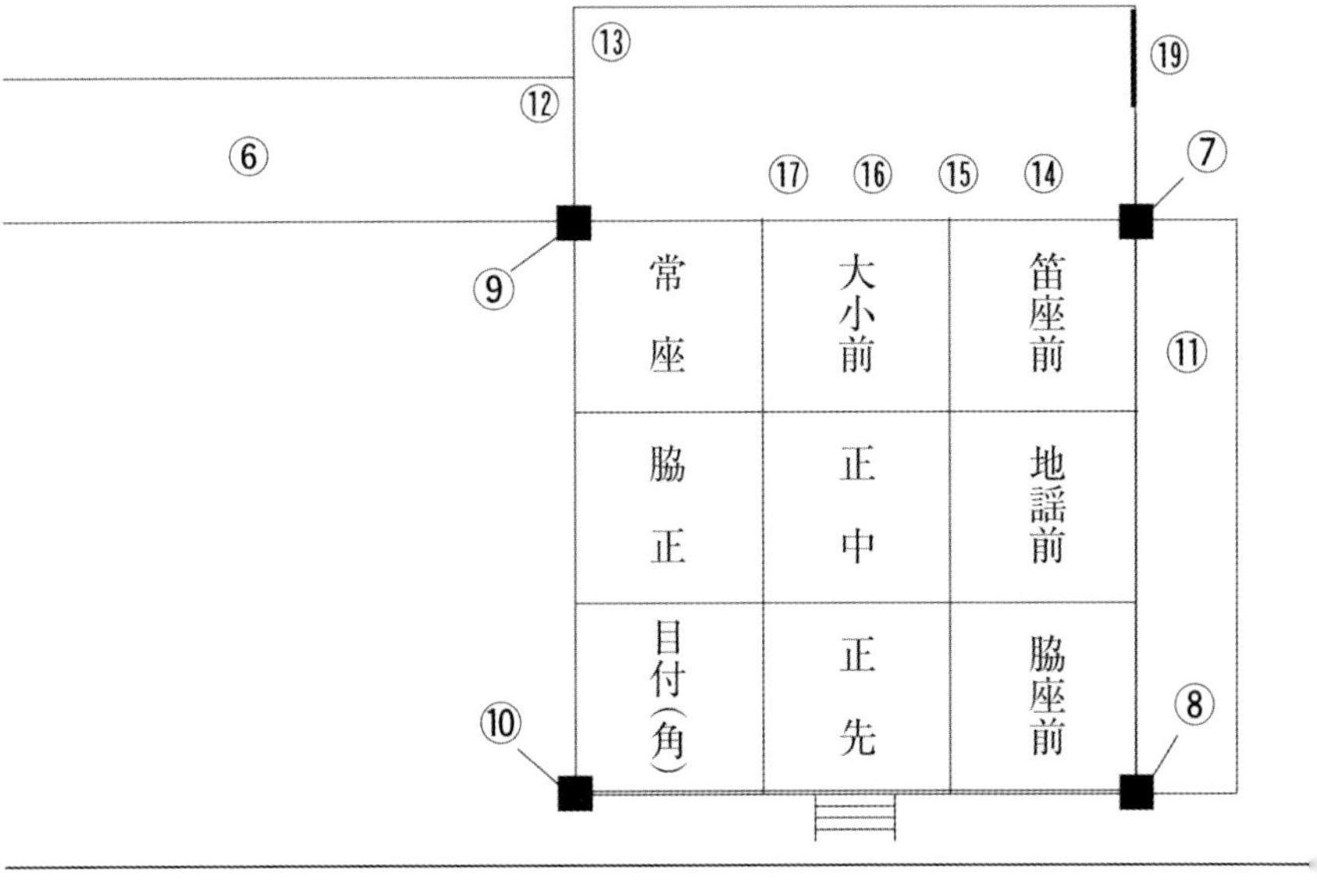

Q 曲の始まり方　終わり方には決まりがあるのですか？

●萬斎

狂言は、「この辺りの者でござる」という名乗《なの》りから始まる曲が多いです。

この登場人物による自己紹介は「自分は特別な人間ではなく、どこにでもいるような存在であり、どの観客の心の中にもいる人格を代表しています」という宣言でもあります。

「鎌腹」など、幕が開いた途端、男が飛び出し、妻が鎌を振り上げながら追いかけてくるというように、普段の狂言の*留《トメ》からはじまるような演出もあります。

また、幕から出て橋掛リを歩む演者の運ビで、一曲の*位《くらい》がわかります。

終わり方には、さまざまな留め方があり、観客それぞれの想像力をかき立てる余韻があります。

●解説

狂言の終わり方は、演技を続けながら揚げ幕の中に入っていく終わり方と、舞台上で演技を終了させる終わり方の二通りに大別される。

前者の代表例が「追い込み」で、「ご許されませご許されませ」と言いながら逃げる者と、「やるまいぞやるまいぞ」と言いながら追いかける者とが、相前後して揚げ幕の中に入っていくという終わり方である。

一同が、囃子物に乗って浮かれながら入っていく場合を「浮かれ込み」、夫婦などが「こちへおりゃれ」「参りまする」と言い合いながら、連れだって入っていく場合を「誘《いざな》い込み」と言う。

舞台上での終わり方は、笛のシャギリという演奏に合わせて左右左と飛び、掛け声をかけながら片膝をついて終わる「シャギリ留《ドメ》」や、二人で「ヤア、エイ、ヤア、イヤアー」と掛け声をかけ、向かい合って片膝をついて終わる「ガッシ留」、一方が「エーイ」と叱り、もう一方が「ハアー」と頭を下げて終わる「叱り留」、セリフで終わる「セリフ留」など、パターンが多い。その中には、正面を向いて大声で笑って終わる「笑い留」や、「くっさめ」と大きなくしゃみを一つして終わる「クサメ留」など、ユニークなものもある。舞台上で終わる終わり方の場合、演者は留の演技をした後真顔に戻り、無言で橋掛リを去っていく。そのため、狂言を見始めて日の浅い頃は、終わったことがわからず、とまどいを覚えることも多いようだ。

留……演目の終り方。
位……作品の品位、品格。

曲によって登場・退場の仕方は違います Ⓐ

クサメ留　　髭櫓　男野村萬斎

Q 音響効果は使わないのですか?

●萬斎

狂言は、音響効果は使いません。狂言師は声の存在感を大切にして、自分の声で語り、謡い、セリフを言うなかで、擬音を効果的に使って表現します。

具体的に演者が何をしているか、物がどういう音を出しているかを狂言師の生身の声の音色によって演じるところに、「素手の芸」たる狂言ならではの面白さがあるのです。

また、足を踏み鳴らしたり、棒で舞台をドンドンと突いたりすることでも、一つの音響効果を作っています。

ただし、「劇場狂言」の場合は、音響効果を取り入れて、空間を埋める工夫をします(118頁参照)。

●解説

擬音《ぎおん》は、狂言の大きな特色のひとつである。たとえば酒を注ぐ時は、樽を傾けながら〝ドブドブドブ〟、酒がなくなりかければ〝ピショピショピショ〟という音を口に出して演じる。同じ戸を開ける場合でも、蔵の戸だと〝グワラ、グワラ〟だが、家の戸だと〝サラサラサラ〟になる。狂言の擬音は、きわめて写実的に工夫された、様式的表現といえるだろう。他にも、茶碗を割る〝グワラリ、チーン〟、のこぎりで切る〝ズカズカズカ〟など、ユニークな擬音は数多い。擬音は、なくても構わないものである。擬音なしで演じたとしても、その演技が何を意味しているのかは、観客に十分伝わるはずだ。だが、演じる人間自身があえて音を口にしながら演技をすることは、それだけでユーモラスな効果を生む。笑いの芸能たる狂言らしい手法なのである。

Q なぜ狂言では、犬の鳴き声を〝ビョウビョウ〟と表わすのですか?

A 昔(平安時代頃)、犬は放し飼いにされていて、野生に近く、遠吠えの声を出していて、〝ビョウビョウ〟と聞こえていたようです。また、漢文の影響から、きているという説もあります。鶯の鳴き声は〝月星日《つきほしひ》〟、鶏の鳴き声は大蔵流では〝東天紅《とうてんこう》〟で、これも漢文の影響でしょう。

鐘の音　　太郎冠者野村萬斎

鐘の音【かねのね】

●あらすじ

黄金の太刀を造りたいので、鎌倉へ行って「金《かね》の値」を聞いてくるよう主に命じられた太郎冠者。しかし鎌倉は寺の多いところなので、勘違いして寺々をめぐって「鐘の音」を聞いてきてしまう。主人にいろいろな鐘の音の違いを報告したため、叱られた太郎冠者は、即興で各寺の鐘の特徴を謡ってみせ…。

●萬斎

破《わ》れ鐘や、響きの余韻など、擬音で演じ分ける趣向が見どころ。登場する寺は流派によって異なり、二流共通のものは、寿福寺・極楽寺・建長寺。和泉流は円覚寺が、大蔵流は、五大堂が加わります。

使いません。狂言師の生身の声で表現しますⒶ

Q 狂言の演技の真髄は何ですか？

●萬斎

「木六駄《きろくだ》」では、雪の中で荷物を背負って追い立てられる牛は舞台に登場しません。太郎冠者の演技で、いないものをいるように見せるのです。「させい、ほーせい、ちょう〳〵〳〵」というかけ声一つで、遠くから牛を追ってやって来たことを伝えます。また「降るは〳〵、また真黒になって降るは」というセリフでは、激しく雪が降りつづいているさまを現出します。名人と言われた六世野村万蔵の演じた舞台では実際に十二頭の牛が見えたという逸話《いつわ》があるほどです。

「柿山伏」では、柿の実を小道具として出さないことで、柿を食べる山伏の方にスポットをあてます。

また「花子」でも、問題の花子は登場せず濡れ場も小歌で謡われるのみです。このように興味の対象をあえて出さずに、演者の芸で光景を描出させたり、男女の情交を謡で聞かせるだけのほうが逆に、観客の世界観を広げ想像力を高めていくのです。

また一方、狂言では、多くの曲が太郎冠者と主、太郎冠者と次郎冠者のように登場人物を対比させることで、両者の存在を引き立てています。例えば、「宗論」では、浄土僧の柔と法華僧の剛という宗派の特徴をふまえた演技がぶつかり合います。演者同志の芸と芸とのぶつかり合いは、表現される世界観を押しひろげ、演者はもちろん観客のボルテージも上げていきます。これこそ、狂言の芸の真髄といえるのではないでしょうか。

●解説

舞台装置や小道具をほとんど用いない狂言では、舞台上にない物を、時には演技によって観客に見せなければならない。たとえば生け垣を乗り越える場面では、演者は何もない空間に垣を設定して演じる。高さの設定を誤れば、観客にはそれが垣だとわからない。高さだけでなく、そのものの形や大きさ、長さなどは、演者の体の動きひとつで、それらしく見えるように表現されるのである。「柿山伏」で、山伏は腕を左右交互に、また近いところから遠いところへと伸ばし、柿をもぐまねをする。つまり枝にたわわに実った柿を、視線によって現出させているわけである。視線は演技の重要なポイントなのである。

観客の想像力に訴え、舞台にない物をも表現するところです Ⓐ

木六駄　太郎冠者野村萬斎

木六駄【きろくだ】

●あらすじ

主人は太郎冠者に、都にいる伯父に牛六頭分ずつの薪（木六駄）と炭（炭六駄）、そして酒樽を届けるように命じる。

大雪のなか十二頭の牛を追い、途中の峠の茶屋で、温まろうと酒を求めるが、あいにく酒が切れていたため、届けものの酒樽に手をつけてしまう。よい気持ちになって、茶屋の主人にも酒をすすめ、木六駄までやってしまった太郎冠者は、残りの牛だけを引いて伯父の所にいく。主人の手紙にある木六駄がないことをとがめられ…。

Q 酒を飲む演技について聞かせてください

●萬斎

狂言で飲むお酒は、芳醇《ほうじゅん》な日本酒です。鼻息も荒く実際にはない酒壺の匂いを嗅ぎます。また、扇や葛桶《かずらおけ》の蓋を盃に見立てて一気にあおり、舌鼓《したつづみ》を聞かせて「ふー！」と息を吐くのが、「酒を飲む」ひとつの型になります（空気の乾燥した劇場で舌鼓を聞かせると、実際には埃っぽくて喉が張りついたような感じがします）。狂言の酔い方にはいくつかのパターンがありますが、大抵は大盃三杯で酔います。一杯目は「ただひいやりとしたばかりで何も覚えぬ」と言い、二杯目で味を覚え、三杯目になると止められるのを「献《こん》が悪い」と言って無理に飲み、むせかえって酔いに落ちます。酒を飲むときの動きとセリフで、見る者の目と耳に酒の匂いを伝えるのです。

●解説

狂言では、聟入《むこい》りの時や百姓が年貢を納めた時など、儀礼的な場面で酒盛りが行われる。また、主人の留守中に使用人同士で盗み飲みしたり、旅や仕事の途中で一服して飲んだりしており、酒を日常的に楽しむようになった室町時代の庶民の様子がうかがわれる。

酒宴の場面では、舞や謡の演じられることが多い。一般的には、開いた扇を銚子に見立てて酌をし、扇か葛桶の蓋を盃に見立てて受ける。酒を注ぎながら小謡を謡い、注がれる方もそれに和す。謡い終わると、注がれた方は舞を所望し、小舞が舞われる。その後は返盃《へんぱい》となり、舞い手も交替する。歌舞の挿入によって、酒宴の楽しい雰囲気は一層盛り上がる。

素袍落【すおうおとし】

●あらすじ

急に伊勢参宮を思い立った主人は、以前から同行を約束していた伯父を社交辞令までに誘おうと太郎冠者を使いにやる。伯父は急な話なので辞退するが、太郎冠者が供をするであろうと察して門出の酒をふるまう。酒に酔った冠者は調子に乗って伯父をほめそやし、主人の愚痴を言って気炎をあげた上に、伯父から祝儀として素袍までもらい、上機嫌で帰路に着く。冠者の帰りが遅いのを心配して迎えにきた主人は…。

●萬斎

名人が酔態を演じるとまるで本当に酒を飲んでいるような赤ら顔になります。プーンと酒の匂いが漂ってくるような演技です。

観客の嗅覚に視覚的・聴覚的な技術をもって伝えます A

〈酒を飲む〉

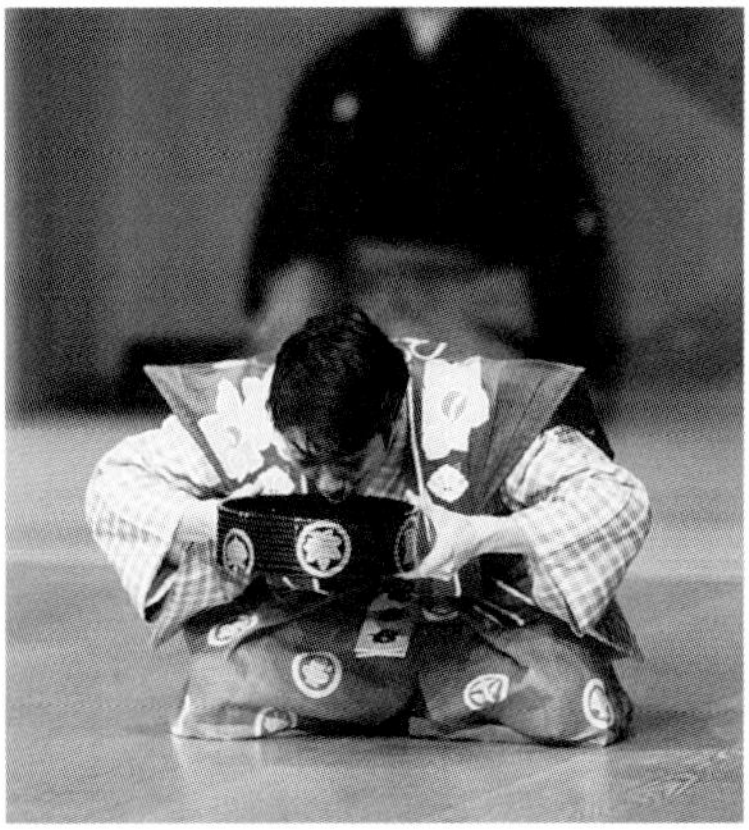
①　素袍落　太郎冠者野村萬斎

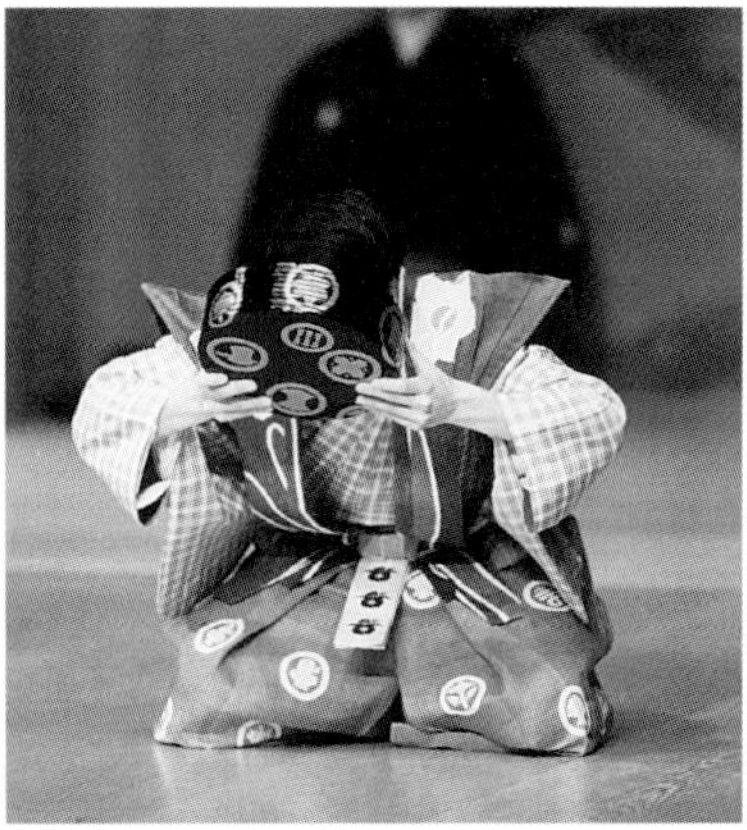
②

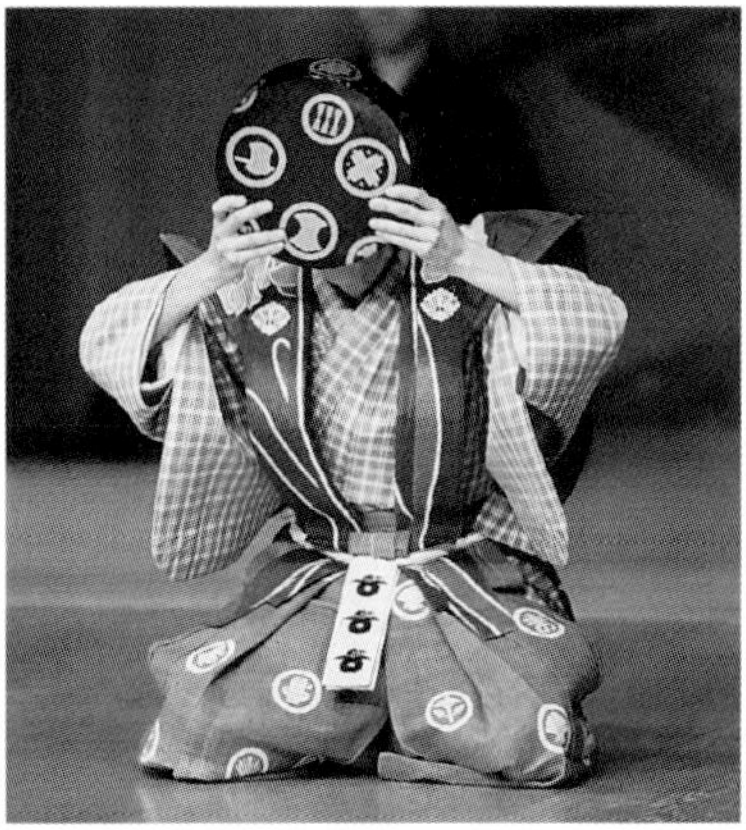
③

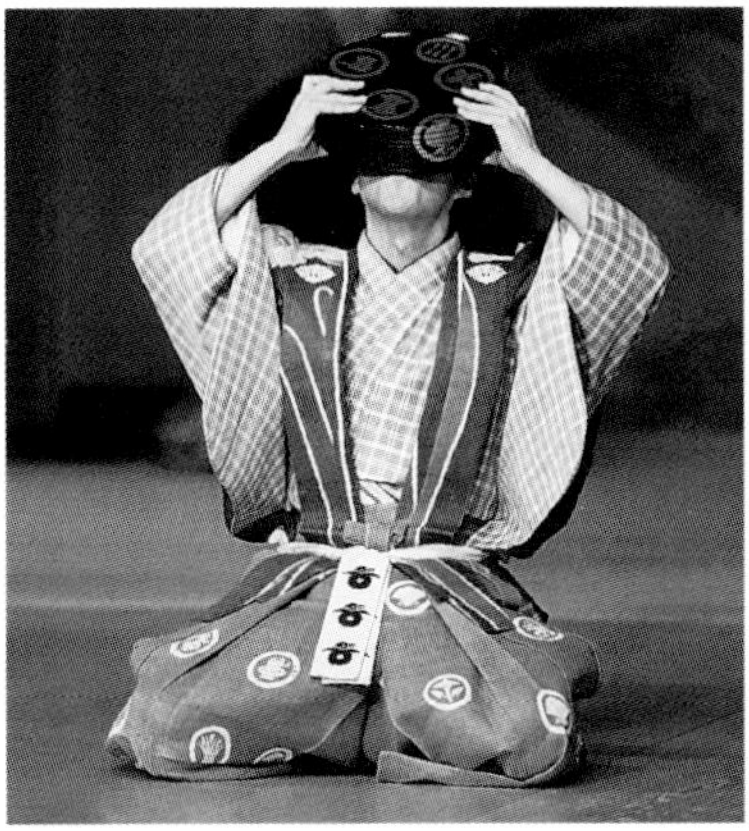
④

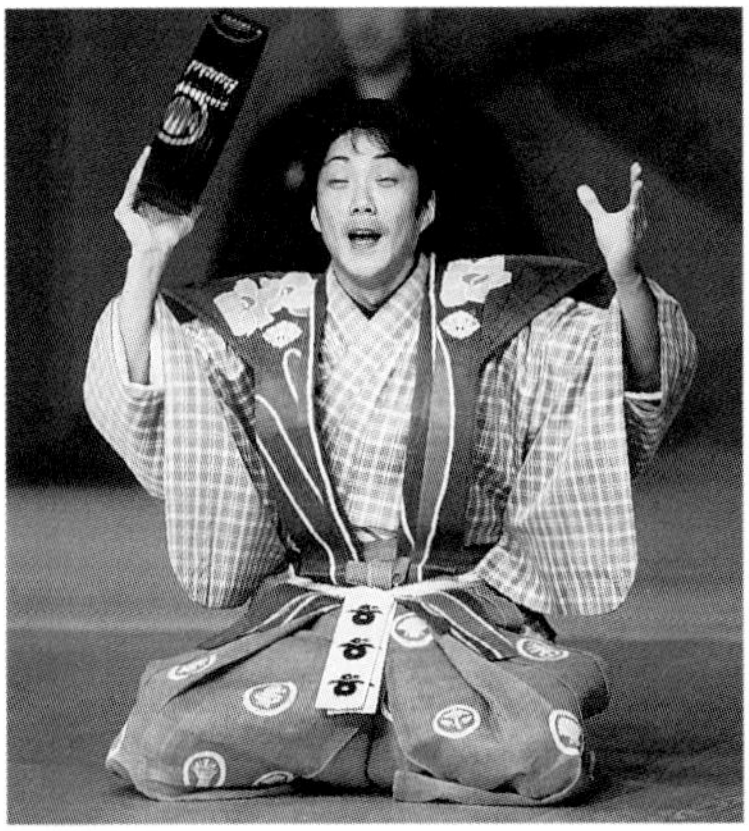
⑤

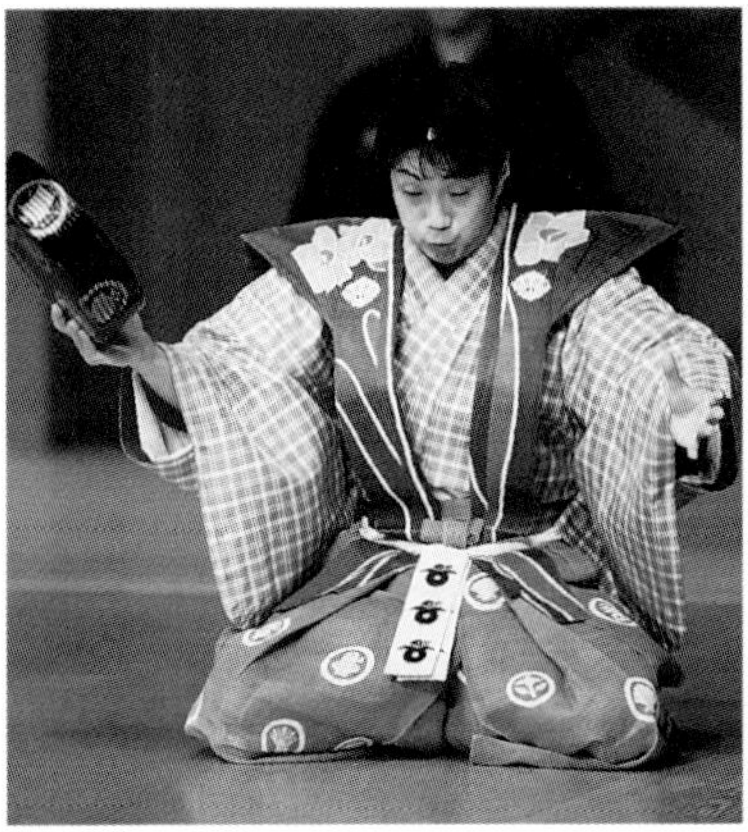
⑥

Q 能舞台での効果は、劇場でもそのまま通用するのですか？

●萬斎

「素手の芸」と言われる狂言の〝型〟は、能舞台で演技するために作られており、狂言師は自身の身体と声だけで三間四方の舞台空間を埋めなければなりません。能楽堂の屋根と四本の柱にきっちりと囲まれた立方体の舞台空間（＝能舞台）で、対角線上に立つ二人の演者が伸縮自在の演技をすることで、会場全体に緊張感を与えるのです。

一方、劇場で狂言を上演する場合、演者が埋めるべき空間は能舞台以上の大きさになり、素手の演技では埋め切れません。照明や音響、電光掲示板などをあえて使用することで、素手の芸に色付けをし、素手の芸が最もよく活かされる能舞台での効果を再現するための演出を施します。特異なことをしているように思われがちですが、演技自体は能舞台上とまったく変えていません。

また、演者と観客の目線の在り方も、能舞台と劇場では異なります。能舞台では観客席（見所）は演者と目の合わない下方に位置し、演者と観客の目線はあまり交差しません。これは能・狂言が神事として演じられ、神様のおこぼれを人間が見ているという発想があるからだと言われています。しかし、劇場では演者の視野に観客がいて、双方で対話するような感じがあります。能舞台では客席は三方にあり、横に広いのですが、劇場ではタテ方向に長く二階や三階にまで観客がいるので、演者は目線を上げ、遠くを見て演じます。能・狂言は観客の反応をあまり気にせず演じられるのに対し、劇場での演劇は観客とのコミュニケーションを目的としている、という違いがあるのかも知れません。

劇場では、能舞台での効果を再現するための演出を施しています Ⓐ

花子　男野村萬斎　太郎冠者野村万作

花子【はなご】

●あらすじ

旅先で知り合った花子が都近くに上ってきたため、男は妻に隠れて会いに行こうと計画する。

男は妻に、*持仏堂《じぶつどう》で一晩座禅をすると偽り、妻が見舞いに来るときの用心に、太郎冠者に*座禅衾《ざぜんぶすま》をかぶせて身代わりになるよう言い含める。

案の定のぞきに来た妻は衾を取ると、そこで太郎冠者がふるえているのを見て驚き腹を立てる。そうとは知らず、まんまと花子との逢瀬《おうせ》を楽しんだ男が、浮かれて太郎冠者にのろけ話を聞かせるが、実は…。

●萬斎

写真は、名古屋能楽堂で上演したものです。橋掛リも含め、全舞台空間を三人の演者で埋めています。

持仏堂……守り本尊や、先祖の位牌を安置する堂。
座禅衾……座禅を組む時にかぶる夜具。

Q 初心者はどのような催しに行けばよいですか？

●萬斎

能・狂言は、能楽堂で上演されるのが本来の姿ですが、いざ能楽堂に行こうとすると敷居が高いように思えて、なかなか観に行くまでには至らないという声をよく耳にします。万作の会では、狂言を普及させるために、全国の劇場・ホールで狂言公演を開催しています。狂言を上演する前に、演者による狂言の解説を入れることで、緊張しているお客様をリラックスさせ、「古典芸能はわかりにくい」という先入観をなくすように工夫しています。百聞は一見に如かず。まずは一度、生の舞台をご覧になり、狂言のカラッとした笑いをお楽しみください。

また狂言には二〇〇曲以上あり、どの演目から観ればよいか分からないという声もよく聞きますが、普及型の公演では大抵わかりやすい演目を選んでいますので、解説付の狂言公演であれば、初めての方でも充分お楽しみになれると思います。

初心者の方が楽しめる曲としては、「二人袴《ふたりばかま》」「附子《ぶす》」「梟山伏《ふくろやまぶし》」「清水《しみず》」「萩大名《はぎだいみょう》」「成上り《なりあがり》」「蚊相撲《かずもう》」「釣針《つりばり》」「六地蔵《ろくじぞう》」「佐渡狐《さどぎつね》」などが挙げられます。もちろん、これ以外の演目もそれぞれに良さがありますので、少し難しいと感じてもじっくりご覧になり、内容をよく味わってください。

二人袴　聟野村萬斎　親野村万作

二人袴【ふたりばかま】

●あらすじ

聟入りする世間慣れしない息子を心配して、父親が付き添い、二人で舅にあいさつにゆく。正装の長袴が一枚しかないので、はじめは代わる代わる挨拶に出るが、二人そろって来てほしいといわれ、困ったあげくに袴を二つに裂いて、前に当てて取り繕うことにする。さて酒宴で舞を所望され…。

●萬斎

まずは劇場などで行われる普及型の公演をおすすめします Ⓐ

附子　太郎冠者野村萬斎　次郎冠者石田幸雄

くせがなくわかり易い、お客様に一番喜ばれる曲です。実の親子で共演すると、なおさら息が合います。

附子【ぶす】

●あらすじ

主人が、家来の太郎冠者と次郎冠者に「附子」は猛毒だから気をつけて番をしろと言い付けて、外出する。附子が気になって仕方がない二人は、附子の入っている桶のふたを開け、ついにはつまみ食いしてみると、それが砂糖であることが分かり、競って全部食べてしまう。やがて、主人が戻ってきて…。

●萬斎

一人の人間の欲望と理性を、太郎冠者と次郎冠者という二人の登場人物に置き換えて、その葛藤を描くという点が、非常に近代的ですね。

Q 萬斎さんがお好きな曲を教えてください

◉萬斎

「蝸牛《かぎゅう》」は、現代人の理屈を超越した奇想天外な発想が楽しい、狂言の真骨頂といえる佳品で、演じていても楽しい曲です。曲の後半で、太郎冠者が「雨も風も吹かぬに出ざかま打ち割ろう（出なければ殻を打ち割ろう）」と浮きながら囃すと、山伏が「でんでんむしむし」と応じます。お互いが挑発しあって熱狂するにつれて、会場全体がトリップ感に包まれ、宇宙的な広がりすら感じる時があります。この囃し言葉はNHKの「にほんごであそぼ」という番組でも取り上げましたが、頭に一度こびりついたら離れない、呪文のような魔力があります。

狂言の代表的なキャラクターである太郎冠者をシテとした太郎冠者物（10頁参照）は、人間が一所懸命生きることの滑稽さや、人間存在の哀しさを表現しており、多く演じていきたい狂言です。並外れた臆病者の太郎冠者が、大げさな偽りの武勇伝を語り強がってみせる「空腕《そらうで》」、蜜柑を食べてしまった言い訳を、鬼界ヶ島に取り残された俊寛の話になぞらえ洒落ている「柑子《こうじ》」、怖い主人に太郎冠者が胸をすくような報復をしてみせる「止動方角《しどうほうがく》」などです。

僧侶がシテの出家物は、ドラマ性と、人間の心理を追及したものが多く、演技により工夫が必要です。若い頃の、基礎に忠実な「楷書の芸」では演じきれない余白があり、「草書の芸」が求められるので、今後も取り組み続けるべきものだと感じます。最近特に演じたいのは「無布施経《ふせないきょう》」ですが、「泣尼」「小傘」などは面白く演じられるようになってきたと思います。

青春の傷みを感じさせる「悪太郎」など、楽しさの中にも心の機微を感じさせる曲は演じ甲斐があります。

様式性の強い演目、例えば、格式のある演技と謡の技術が求められる「金岡」、能「頼政」をパロディー化した舞狂言の「通円」などは、能のシテ方にも負けない技術をもって演じたい、という自負があります。

「川上」「月見座頭」など、笑いではくくれない、人間存在そのものが表出された演目は、これから何度も演じることで、解釈を深めていきたいと思います。

また、前項（64頁参照）でも触れた「三番叟」は、大変思い入れのある演目の一つです。

型と感性の両方が活きる曲が好きです Ⓐ

蝸牛　山伏野村裕基　太郎冠者野村萬斎

蝸牛【かぎゅう】

●あらすじ

羽黒山から修行を終えて帰る途中の山伏が、疲れた体をいやすために竹やぶで眠っている。そこへ主人からの命令で、長寿の薬になるというかたつむり（蝸牛）を捕りにやってきた太郎冠者が、山伏を蝸牛だと思い込み、連れて帰ろうと起こす。面白がった山伏は、蝸牛になりすまして太郎冠者をからかう。更に、囃子に乗らなければ行かないと言って太郎冠者に囃させ、二人でうち興じているうちに…。

●萬斎

大変楽しい作品です。「でんでんむしむし」という囃子音楽が何回も出てきますので、登場人物と一緒に浮かれてみてはいかがでしょうか。

Q 観る時のマナーを教えてください

●萬斎

開演五分前ぐらいに始まりの合図のベルが鳴りますので、遅れずに着席してください。開演に備えてプログラムのあらすじや資料に目を通すのもよいでしょう。やむを得ず開演に遅れた場合は、他のお客様や演技の邪魔にならないように、係員の案内に従って着席するようにしてください。

「スマートフォン・携帯電話は必ず電源をお切りください」と開演前に案内があるにもかかわらず、演技が盛り上がっているときに限って着信音が鳴ることがあります。演者もしらけますし、集中しているお客様にとっては大変迷惑なものです。マナーモードのバイブ音も、会場の静寂の中では大きく聞こえますから、電源は必ずOFFにしてください。

最近では、上演中にメールを打ったり、私語をする観客も見受けられると聞きます。演者にとってこんなに虚しいことはありません。チケットが取れなかった方や、遠方からお越しくださった方もいらっしゃる中、せっかくご覧頂いているお客様には、最低限のルールを守って気持ちよく観賞して頂きたいものです。

服装には特に決まりはありませんので、常識の範囲内でご来場下さい。せっかく日本の古典芸能に触れる機会なので、着物もいいですね。

曲の始まりでは拍手をしないのが慣例です。橋掛リから登場する演者を静かに見守ってください。上演中の拍手のタイミングには決まりはありません、拍手したい時にご自由にしていただければ結構です。

終わった後に演技の余韻を楽しんでほしい場合に、静寂を打ち破ってフライング気味に拍手をしたがる方がいるのは少し残念です。拍手は、早くすればいいというものでもありませんので、その場の雰囲気を楽しみながら、自然に拍手してください。

演技の余韻を噛み締めるように、じわりと沸きあがってきた拍手に包まれながら退場するのは、役者にとっては嬉しいことなのです。

曲の終わりは演劇のように緞帳も降りず、カーテンコールもありません。観ていて物足りないという声もありますが、演者が橋掛リから幕に消えていく余韻をお楽しみになってください。

基本的には現代劇の鑑賞時と同じで大丈夫です Ⓐ

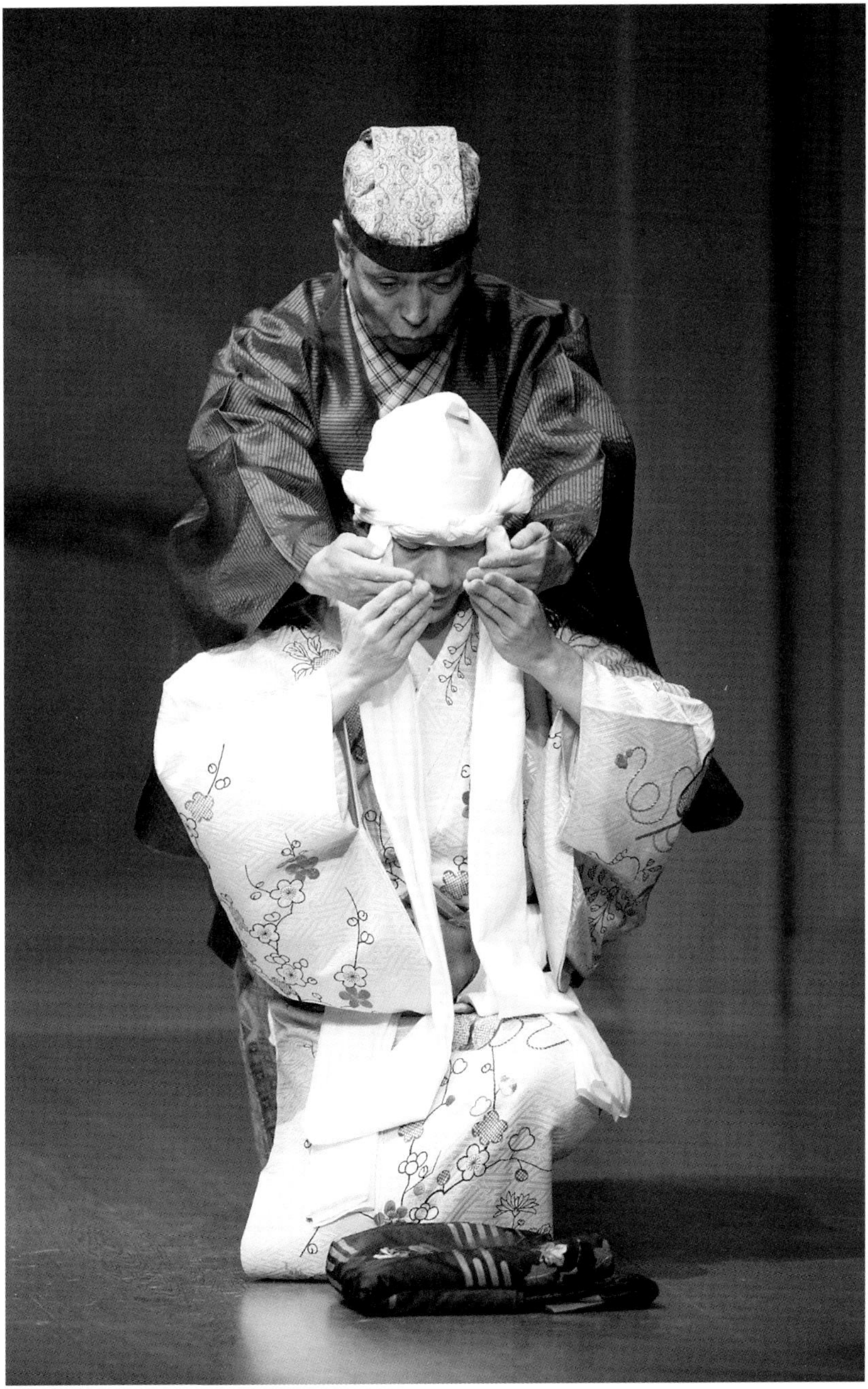

水汲　新発意野村万作　　女野村萬斎

Q 狂言を楽しむポイントを教えてください

●萬斎

古典芸能を観るということで、勉強するような心構えだと楽しさも半減します。肩の力を抜いてご覧ください。生の舞台は、テレビ番組のように親切ではありません。いま舞台がどう進行しているのかをお客様自身が判断しなければなりません。想像力を働かせ、舞台を自分なりの解釈で、好きなように楽しんでください。観客の反応は、舞台上にいる演者の演技にも影響を及ぼします。観客の反応ばかりがノリ過ぎると演技に悪影響を及ぼすこともあり、節度を持って見て頂く必要もあります。面白い時にはいつ笑って頂いても結構です。本当に面白いタイミングやセリフの前に、表面的な面白さを見つけては大笑いされる方もいますが、それはそれで構わないのですが、狂言の登場人物たちは、型の中でそれぞれ個性豊かな人生を一所懸命に生きています。演者の身体を通して、彼らが企んでいること、言葉に出さない思惑を観客に次々と想像させるのが良い舞台であり、その想像を楽しむことが観客として狂言を観る醍醐味にもなります。狂言を観て笑おうと思わずに、登場人物の生き様を味わうように見て頂くと、違った面白さを発見できるはずです。

能楽堂の観客席は見所《けんしょ》と呼ばれています。劇場やホールは額縁舞台を真正面から観る席しかありませんが、能楽堂の見所は正面《しょうめん》席のほかに、真横から観る脇《わき》正面席、斜めから全体を見渡せる中《なか》正面席があります。正面席から観ることだけにこだわらず、角度を変えて観ることもお薦めします。中正面席は目付柱が邪魔になるので好きではない、という声もよく聞きますが、狂言は終始同じ場所に留まるわけではなく、舞台上を動き回りますので、心配はいりません。中正面ならではの、橋掛リを含めた全体を見渡すことのできる楽しみを感じてください。あらゆる角度から観られることになる演者には、それだけ隙なく立つなど集中力が要求されます（44頁参照）。

想像力を働かせながら自由に観てください Ⓐ

見所の様子

舞台と見所（客席）の位置関係図

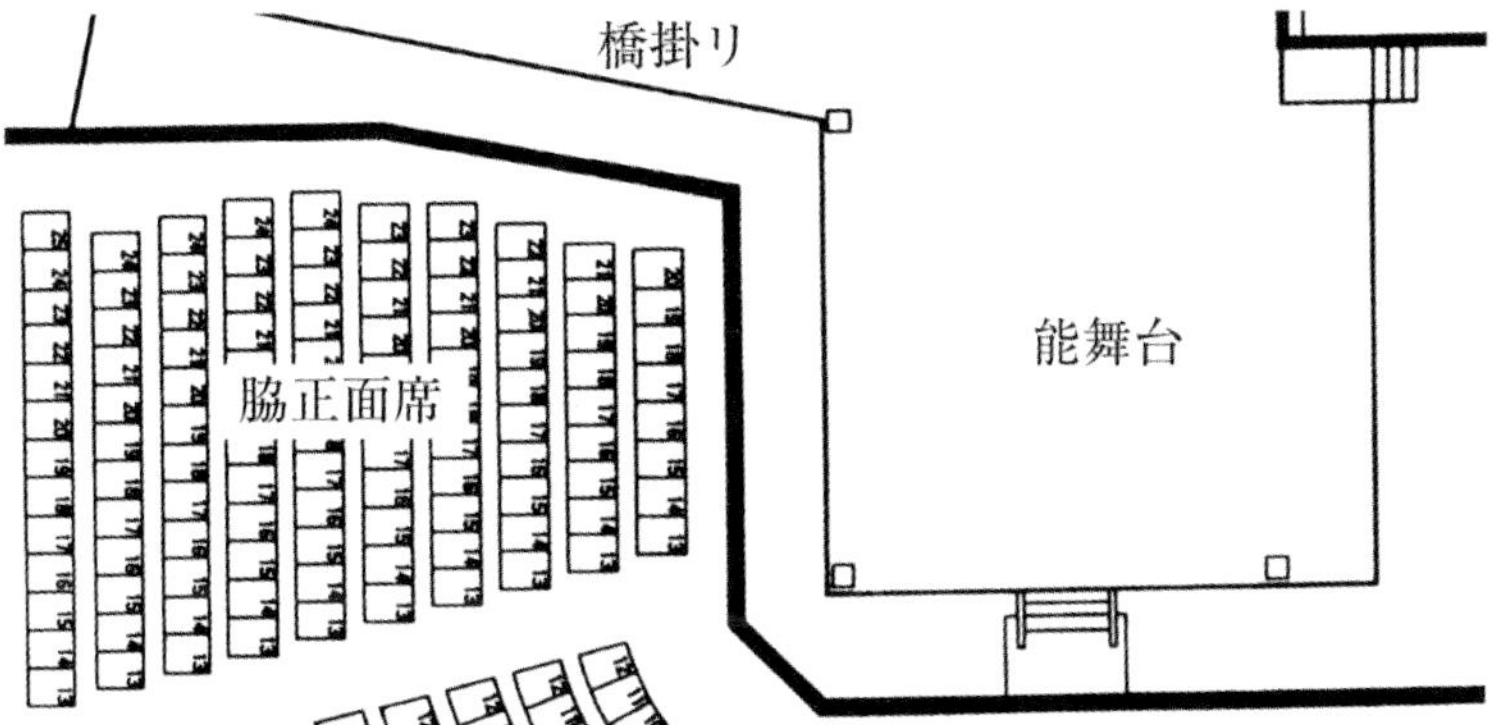

Q 言葉が難しいので理解できるか不安です

●萬斎

狂言のセリフは古語なので、現代人には分かりにくい部分も確かにあります。しかし、狂言は対話劇なので、少しぐらい聞き取れなくても前後の流れでニュアンスはつかめます。言葉の難しさばかりにとらわれて、狂言本来の面白さを見失ってしまうのはもったいないことです。すべてを理解しようと一語一語にこだわるのではなく、狂言そのものをトータルに感じることを大切にしてください。

難しい言葉は、意外に多くの狂言に共通して登場しますので、一度意味を知ってしまえば、その次に狂言を観る時には理解できるようにもなるのです（以下の「特異な呼称」「よく出てくる古語」を参照下さい）。

私の主宰する「狂言ござる乃座」という狂言会では、公演当日に配布するプログラムに難しい語句を解説した「語句解説」のページを掲載したり、狂言の研究家の方に詳細な演目解説を書いていただくなどの工夫を凝らしています。

【特異な呼称】（五十音順）

うとくじん【有徳人】…富裕な人。金持の人。

かなぼうし【金法師】…男児の称。「かな」は「可愛《かなし》」の語幹。

かほうもの【果報者】…裕福な人。富豪。

がんにん【願人】…祈願者。願主。

けなもの【けな者】…すぐれた者。謙遜してすべてのことに従う心根の人。

こうとう【勾当】…琵琶法師の結成した当道座の官の一つ。

こころのすぐにないもの【心の直に無い者】…不正直者。詐欺師。

ごぜ【瞽女】…盲目の女芸能者。

ざとう【座頭】…盲人。

しもじも【下々】…奉公人。

しんざのもの【新参者】…あらたに仕える者。

すっぱ…スリ・カタリ。詐欺師の総称（8・16頁参照）

そうしゃ【奏者】…将軍・大名などに拝謁の取り次ぎをする者。

たのうだひと【頼うだ人】…主人。

ちいん【知音】…知人。知り合い。

てだれ【手だれ】…腕前が優れている者。

とうや【当屋】…寄合の世話役。

とのばら【殿ばら】…高貴な人や武士などの男子を敬っていう語。

ないぎ【内儀】…他人の妻の敬称。

ぬし【塗師】…漆細工・漆器製造

を業とする人。
のさもの【のさ者】…のんき者。横着者。
ぶぎょう【奉行】…上司の命を奉じてことを行う者。
まいす【売僧】…仏法を商売にする俗僧。
みども【身共】…自称。同輩あるいは目下の者に対して用いる語。わたし。
もうじゃ【亡者】…死んだ人。
もくだい【目代】…代官。
やしゃ【夜叉】…鬼のこと。
やまのかみ【山の神】…妻の異称。
よりおや【寄親】…奉公人の身元引受人。
りこんなもの【利根な者】…賢い者。
わおとこ【和男】…男を親しみ、または、罵って言う二人称の代名詞。
わごりょ【和御寮】…親しんで呼ぶ二人称の代名詞。

【よく出てくる古語】（五十音順）

あいくち【合口】…話が合う。
いしゅ【意趣】…恨み。
うつけた【空けた】…うっかりした。
おとずれ【訪れ】…消息。たより。
おりふし【折節】…ときおり。
おんでもないこと…言うまでもないこと。
かれい【嘉例】…めでたい先例。
きどく【奇特】…不思議。奇妙。
こうりょう【功量】…年の功。
ざいしょ【在所】…いなか。
ささ【酒】…女言葉で酒のこと。
さた【沙汰】…主君・管府の命令、裁断。
しさい【子細】…いわれ。事情。
しないたる【仕業たる】…仕損じた。
しょうしせんばん【笑止千万】…はなはだ気の毒なこと。
すわぶき【咳】…せき。
そつじ【率爾】…突然。
たいぎ【大儀】…ねぎらいの言葉。
楽しうなる…富裕になる。
ちょうちゃく【打擲】…棒やむちなどで打ち叩くこと。
てなぐさみ【手慰み】…博打のこと。
とがもない【科もない】…罪もない。
なむさんぼう【南無三宝】…失敗した時や、驚いた時に言う語。
ぬかれおる…だまされおる。
ぱらりさんと…きれいさっぱりと。
ふち【扶持】…世話すること。
ぶちょうほう【不調法】…行き届かぬこと。
ぶっきょう【物狂】…心外なこと。
みたち【御館】…領主。主人。
むさとした【無沙とした】…無造作な。
らちがあく【埒が明く】…かたづく。
りょうじに【聊爾に】…軽々しくは。

Q 狂言の技術を生で体験することはできますか？

●萬斎

狂言の型を体験してみたいという方は、各地で開催されている「狂言ワークショップ」に参加してみることをお薦めします。

ホール公演などでは、本公演にさきがけてワークショップ公演を行うことも多いです。実際に舞台に上がり、「この辺りの者でござる」などの代表的なセリフを言ってもらったり、「茸《くさびら》」の茸（きのこ）の動きや、「止動《しどう》方角《ほうがく》」の馬とそれに乗る人を二人組になって演じてもらうなど、分かりやすくて面白い型を体験することができます。

観客として見ている時には、簡単にできるのでは、と思えるような動きも、いざ自分でやってみると全然上手にできなかったという声をよく聞きます。長年の修練の裏打ちがあってこそ、さも簡単そうに演じることができるのです。

一度型を体験すると、狂言の見方がそれまでとは全く変わると思います。型一つ取ってみても、自分で経験した足腰の筋肉の痛みなどを思い出すからです。

ワークショップの体験が、狂言の世界観を感じる一つのきっかけになればと思います。

近年では、文化庁が主催する「文化芸術による子供の育成事業」として、全国の小、中学校に狂言師がおもむき、「狂言ワークショップ」の体験と、実際の演目を鑑賞するという活動にも力を入れています。

また能楽協会では、各地で体験ワークショップ「さわってみよう！能の世界」を開催しています。そのほか公共の場所で自治体が主催して行われる催しや、全国の各能楽堂でもいろいろな体験ワークショップが企画・開催されていますので、インターネットなどで探してみてください。

狂言のワークショップに参加するのは一つの方法です Ⓐ

ワークショップ会場の子どもたちと　野村萬斎

Qチケットの購入方法を教えてください

●萬斎

古典的な狂言の上演は、能楽堂で能と能の間に一曲演じられます。能と狂言の関係で楽しめる演目は、36頁から41頁を参照してください。また、「三番叟」は正月に多く上演される「翁」に含まれます。狂言会で単独で演じられることもあります。国立能楽堂（東京都渋谷区）でも能楽堂主催公演で年に数回、狂言だけの公演を行っています。また能楽堂ばかりでなく、イベントやホール、寺社、城・城跡で行われる奉納能や能楽の普及公演は近年増えています。仮設の能舞台で薪能（野外能）を行うことも多いです。

能楽堂の場合は、その能楽堂主催の会とそれ以外の会があり、チケットの取り扱いはそれぞれ違います。能楽堂でチケットを扱っている場合や、一般のプレイガイドで購入できるものもありますので、まずは行きたい公演の主催者へ問い合わせてみてください。

能楽堂に、いつ・どんな公演があるのか確認するのも一つの方法です。ホールや寺社、公園などの特設会場で行われるものも同様です。

また能楽堂や各地の劇場には、これから行われる催しのチラシが置いてあることが多いので、公演を見に行ったときに各チラシを集めることもできます。それぞれのチラシに購入方法が明記されています。

能楽師や狂言師のホームページやブログには今後の公演予定があげられていますし、各地の能楽堂、地域の公共のホール・劇場などのホームページも情報の宝庫です。チェックしてみてください。

チケットはインターネットやコンビニでも購入できます（ぴあ・ローソンチケット・カンフェティなど）。

公演によっては、友の会などに入会していると、優先的にチケットを購入できるサービスを受けられることもあります。

＊万作の会
〒112-0014
東京都文京区関口二―二―七
☎〇三―五九八一―九七七八
http://www.mansaku.co.jp
江戸前狂言ファンクラブ「yoiya²」では、会員特典として、主催公演の先行予約を行っています。

●主要能楽堂・劇場一覧

国立能楽堂：☎〇三－三四二三－一三三一（代）
〒151-0051　渋谷区千駄ヶ谷四－一八－一

観世能楽堂：☎〇三－六二七四－六五七九
〒104-0061　中央区銀座六－一〇－一
GINZA SIX地下3階

銕仙会能楽研修所舞台
：☎〇三－三四〇一－二二八五
〒107-0062　港区南青山四－二一－二九

矢来能楽堂：☎〇三－三二六八－七三一一
〒162-0805　新宿区矢来町六〇

梅若能楽学院会館
：☎〇三－三三六三－七七四八
〒164-0003　中野区東中野二－六－一四

宝生能楽堂：☎〇三－三八一一－四八四三
〒113-0033　文京区本郷一－五－九

喜多六平太記念能楽堂
：☎〇三－三四九一－八八一三
〒141-0021　品川区上大崎四－六－九

セルリアンタワー能楽堂
：☎〇三－三四七七－六四一二
〒150-0031　渋谷区桜丘町二六－一

世田谷パブリックシアター
：☎〇三－五四三二－一五一五
〒154-0004　世田谷区太子堂四－一－一
キャロットタワー内

中尊寺白山神社能楽殿
：☎〇一九一－四六－四三九七
〒029-4100　岩手県西磐井郡平泉町中尊寺

置賜文化ホール
：☎〇二三八－二六－二六六六
〒992-0052　米沢市丸の内一－二－一

横浜能楽堂：☎〇四五－二六三－三〇五五
〒220-0044　横浜市西区紅葉ケ丘二七－二

りゅーとぴあ新潟市民芸術文化会館
：☎〇二五－二二四－五六二二
〒951-8132　新潟市中央区一番堀通町三－二

富山能楽堂：☎〇七六－四二九－五五九五
〒939-8224　富山市友杉一〇九七

石川県立能楽堂：☎〇七六－二六四－二五九八
〒920-0935　金沢市石引四－一八－三

福井能楽堂：☎〇七七六－二〇－二九〇一
〒918-0000　福井市中央一－二－一
JR福井駅西口ハピリン3階

MOA美術館能楽堂
：☎〇五五七－八四－二五〇〇
〒413-0006　静岡県熱海市桃山町二六－二

名古屋能楽堂：☎〇五二－二三一－〇〇八八
〒460-0001　名古屋市中区三の丸一－一－一

豊田市能楽堂：☎〇五六五－三五－八二〇〇
〒471-0025　愛知県豊田市西町一－二〇〇

大槻能楽堂：☎〇六－六七六一－八〇五五
〒540-0005　大阪市中央区上町A－七

香里能楽堂：☎〇七二－八三一－〇四一五
〒572-0082　大阪府寝屋川市香里本通町一－五

金剛能楽堂：☎〇七五－四四一－七二二二
〒602-0912　京都市上京区烏丸通中立売上ル

京都観世会館
：☎〇七五－七七一－六一一四
〒606-8344　京都市左京区岡崎円勝寺町四四

アステールプラザ能舞台
：☎〇八二－二四四－八〇〇〇
〒730-0812　広島市中区加古町四－一七

厳島神社能舞台：☎〇八二九－四四－二〇二〇
〒739-0588　広島県廿日市市宮島町一－一

大濠公園能楽堂
：☎〇九二－七一五－二一五五
〒810-0051　福岡市中央区大濠公園一－五

平和市民公園能楽堂
：☎〇九七－五五一－五五一一
〒870-0924　大分市牧緑町一－三〇

Ｑ世田谷パブリックシアター芸術監督としての仕事について話してください

●萬斎

私が芸術監督を務める世田谷パブリックシアターは二〇一七年に開場二十周年を迎え、私の在任も十六年目となりました。就任当初から「この辺りの者でござる」という狂言の名乗りの精神に基づき、地域に根ざす劇場をめざして活動を展開。種々の企画や創作は、狂言師として私が身につけたスキルや方法論を現代演劇と融合させ、どのような化学反応が起こせるかという、大いなる実験だったように思います。

私たち狂言師と他ジャンルの表現者たちの交流は祖父・万蔵、父・万作の時代から少しずつ増え、私は狂言が、より幅広い観客と出会い、その在りようや表現を見つめ直す過渡期に並行し、成長して来た人間です。他ジャンルに伍して競い、さらなる発信力をつけるためには、時に相手方の土俵に立つ必要も出てきます。パブリックシアターでの活動は、その実践の場でもありました。

殊に通常、能楽堂では一本の橋掛りを、三本に増やした能舞台を作ったことは大きなトピックでしょう。橋掛りは能楽・狂言においてある種「通路」の役割を果たすものですが、現代演劇を上演する劇場の舞台でも、同様の装置や演出が取り入れられることがある。ならばあの世からこの世、街から街へと繋ぐ「通路」を、馬蹄形という劇場の形やサイズ感に合わせ三本に増やしてみては、という発想がそもそもの始まりでした。目論見は的中し、狂言作品の新たな解釈や、狂言の手法を活用した新作の創造を大いに助ける舞台を手にすることができました。

三本の「通路」をそれぞれ通ったキャラクターは、本舞台上の「交差点」で出会い、物語を紡ぎ出す。強いドラマ性を帯びた空間は私の発想を一層柔軟にし、「狂言劇場」と銘打った狂言公演からは数多くの新演出を生み出せましたし、その先には『三番叟』とラヴェルの舞踊曲「ボレロ*」を合わせ、再創造した『MANSAIボレロ』という、劇場の財産とも言うべきハイブリッドな作品をも実現することができました。

劇場での創作、そこに向き合う興味や欲求は十六年目の今も衰えることを知りません。迎えるお客様と共に、劇場と舞台芸術の魅力を更新し続けていきたいと願っています。

ボレロ……スペインの民族舞踊および舞曲。ラヴェルの管弦楽曲が有名。

劇場と舞台芸術の魅力を更新し続けていきたいと願っています Ⓐ

MANSAI ボレロ　野村萬斎

【世田谷パブリックシアター】（東京都世田谷区）

現代演劇と舞踊を中心とする専門的な活動と、市民の自由な創作や参加体験活動を通し、新しい舞台芸術の可能性を探る公共劇場。2002 年より野村萬斎が芸術監督を務めている。稽古場や作業場、音響スタジオなど「舞台作品創造」のためのさまざまなスペースが用意されており、市民の生活と文化・芸術をつなぐという目的を実現するために、1997 年の開場当初より様々な「上演」と「普及啓発・人材養成」のプログラムを展開している。

また作品創造のために芸術監督や制作・学芸・技術分野の専門スタッフを配置した新しい運営スタイルは、全国の公共劇場から注目されている。

Q 新作狂言への取り組みについて教えてください

●萬斎

明治以降に作られた曲を新作狂言と呼びますが、狂言の「新作をつくる」という行為には、その度ごとに私たちが生きる「現在」と、狂言という古典の表現芸術の距離や関係性を見つめ直す意味合いが、多く含まれるように感じています。*いとうせいこうさんに作っていただいた『鏡冠者』はその好例で、二〇〇〇年の初演時には私が太郎冠者、父・万作が鏡の中に棲む鏡冠者を演じ、鏡を挟んで左右対称の舞を舞う場面や、人間誰しもが抱える自身の闇に向き合う怖さや不思議さをユーモアと共に描き出す、古典の技術と現代的視点が共存する普遍的な作品となりました。二〇一五年には、映画やドラマ化もされた深沢七郎の、姥捨を題材にした小説を原作とする『楢山節考』を、父自身の演出で58年ぶりに上演。父が山に捨てられる老女おりんを、私はその死を見つめるように舞台に存在するカラスを演じました。私にとっては初めて演じる曲で、カラスの存在は老女の死を客観的かつ壮絶に、観る者に印象づける役割があるように感じましたが、父はカラスを自然の一部として、ただ静かに在って欲しいと望んだ。演じ手や時代によって、解釈に変化がみられるのも新作ならではのことに思えました。今後も石牟礼道子さん、池澤夏樹さんといった作家を迎えた新作の構想がありますが、私が新作で大切にしたいのは、狂言でしか出せない世界観を描くということ。狂言では神や鬼、自然といった大きなものと対峙する人間を描くことで、人という存在の本質、背負った業や生命のしたたかさを観る者に突きつける作品が多くあります。一見重いテーマも、ユーモアにくるんでわかりやすく手渡すことができる。そんな強みを持つ狂言は複雑化の一途をたどる現代社会を軽やかに映すものとして、非常に優れていると私は思います。滑稽さや笑いはもちろん狂言の大切な〝らしさ〟を担うところですが、それだけでなく、常に今を生きる私たち人間と、その社会を映し出す「鏡」でありたい。エンターテインメントであると同時に、そんな人と世界の深淵に踏み込んだ、狂言の新たな伝統となるような新作を、同時代の作家の方々のお力を借りつつ模索していきたいと思っています。

いとうせいこう……1961年生。作家・クリエーター。メディアなどで幅広く活躍。

狂言でしか出せない世界観を描きたいと思いますⒶ

鏡冠者　太郎冠者野村萬斎　　鏡冠者野村万作

鏡冠者【かがみかじゃ】

●あらすじ

太郎冠者は蔵の中の「鏡」にお神酒を供えてくるように主人に命じられる。

「鏡」を知らない太郎冠者は「鏡」に向かって話しかけるが、返事がないので酒を飲んで酔っぱらって大騒ぎ。いつしか…。

●萬斎

国立劇場企画公演「新しい伝統芸能―妖しの世界」で初演されました。狂言本来の面白さと現代的な怖さが同居する新作狂言です。

私と父・万作との親子ならではの阿吽の呼吸、いとうせいこう氏のブラックユーモアなど、見どころ満載の舞台となりました。

Q 狂言の劇空間を考える―能楽堂以外での上演

◉萬斎――

狂言師が古典の世界から飛び出し、広く外の世界で表現する機会は年々増えています。と、同時に観客の目や心を楽しませるエンターテインメント作品も、その数とジャンルは増え続けている。その中でわざわざ能や狂言を選び、上演の場まで足を運び、作品と時間を共有していただくのは至難の技です。

古典芸能の継承者たる狂言師として、求められる技術や精神性をあるレベルまで獲得していなければ、狂言の進化と変化について考えることはできません。私にとって、そんな思索を自分で実践した第一歩が、劇場やホールで、その空間に適した演出を加えて狂言を上演する「劇場狂言」を立ち上げたことでした。新宿のスペースゼロで始めた「新宿狂言」、今は名前が変わりましたが、天王洲のアートスフィアを拠点にした「電光掲示狂言」、そして世田谷パブリックシアターでの「狂言劇場」などが、シリーズ化できた「劇場狂言」の成果と考えています。

「新宿狂言」では演劇のように美術セットを作ったり、歌舞伎の花道のような張り出しを設け、客席へと走り抜ける演出を施したりもしました。

「電光掲示狂言」では、文字通り電光掲示板を舞台に設置し、古典芸能では時にハンディになる謡やセリフの古語に、字幕や記号で解説をつけました。この工夫は後に、パブリックシアターでの『敦*―山月記・名人伝―』の、漢字を生き物のように動かす映像の演出にも繋がります。また同作では半円状に橋掛りを置くことで、現実と異界のあわいにある空間を構築できました。

こうして振り返ってみると、狂言を、劇場やホールで上演するために思考し、そこから改めて私が学んだのは「狂言の目線」でした。どこにでもいる市井の人々を身分や地位に左右さ

中島敦……1909～1942年。作家。代表作は『山月記』『文字禍』など。

敦—山月記・名人伝—　（左から）月崎晴夫　高野和憲　野村萬斎　深田博治　石田幸雄

れず、ありのままに描くことで人間誰もが持つ滑稽さを浮かび上がらせるのが狂言の得意技。結果、社会の歪みや不条理をあぶり出し、さらには笑いでそれらを無化して観る人の溜飲を下げる。狂言の劇空間についてあれこれ考えるうちに、狂言の構造や根幹を確かめ、上演のための方法を探る、演出家的視点や感性も鍛えられたように思います。

古典芸能の世界では演出家を立てず、演者自身が先達からの学びと自身の創意で演じることが一般的。けれど「劇場狂言」の場合、新空間や場に適する演出を加えることが創作の始まりなのです。曲の向き不向きはあるにせよ、この企画から掘り起こせる狂言の魅力がまだあることを信じ、挑戦を続ける所存です。

新たな演出を加えることが創作の始まりですⒶ

Ｑ なぜ、シェイクスピア劇を狂言で取り上げるのですか？

● 萬斎

「劇場狂言」のように新たな上演形態を模索する以外にも、狂言の現代化や可能性の拡大は常に意識しています。シェイクスピア作品の狂言化も、同じ文脈での取り組みです。第一弾は一九九一年、故・高橋康也*先生に書き下ろしていただいた『法螺侍』で、原作は喜劇『ウィンザーの陽気な女房たち』。設定も登場人物も日本に移す、大々的な翻案を施しました。同じ古典と言えど、イギリスと日本では隔たりが大きいと感じられるかも知れません。が、様式性が高く詩的なシェイクスピアのセリフは、文語体の文章に緩急をつけ、抑揚を強調して語る狂言師にとって発語の技術に共通するものがあるのです。また登場人物の心情を直接的に伝えるよりも、置かれた状況を通して観客に何かを訴えるという劇構造も、日本の古典芸能とシェイクスピア劇の共通項。実際『法螺侍』は英国公演でも現地の観客を大いに沸かせ、二国の古典劇の相性の良さ、そこから生まれた作品の普遍性を証明することになりました。同じ高橋先生の筆により『間違いの喜劇』を狂言化した『まちがいの狂言』（二〇〇一年初演）は、特有の発声や身体の在り方、仮面を使って双子を演じ分けるなど狂言の手法をふんだんに応用した演出に。国内外で上演を重ね各所で評価していただいたうえ、登場人物たちを惑わす黒子のような存在〝ややこし隊〟は、子供番組の人気キャラクターにもなりました。さらにシェイクスピア研究家・河合祥一郎さんとのタッグによる『国盗人』（二〇〇七年初演）では、『リチャード三世』を日本の戦国の世に移しつ

高橋康也……1932 ～ 2002 年。英文学者。日本を代表するシェイクスピア研究家。

古典劇として狂言と共通性があるからです Ⓐ

マクベス　（左から）小林桂太　野村萬斎　高田恵篤　福士惠二

つもセリフは現代語にし、現代劇の俳優を交えた混成チームで上演。続く『マクベス』（二〇一〇年初演）も、武将のしつらえながら私以外は全員現代劇の俳優で、セリフも現代語。演出的にも一歩進め、マクベス夫妻以外は三人の俳優が複数役を演じ分け、美術は抽象、衣裳も和洋折衷の現代劇として演出しました。

この四作からは、私の表現者としての領域が広がる過程を追うことができると思います。狂言の手法や世界観を活かした演出で、国内外の戯曲に取り組むことは、日本の演劇のアイデンティティを確立するための実験であり挑戦だと考えています。

Q伝統芸能と先端アートのコラボレーションについて話してください

●萬斎

『三番叟』は農耕儀礼を元にした、五穀豊穣を寿ぐものと言われています。現代劇や映像で演者としての私が必要とされる機会はありますが、『三番叟』の場合は舞い手である私を含む、上演そのものを素材としたコラボレーションを望まれるという、興味深い展開を見せています。しかも名乗りを上げてくださったのは、現代美術や最先端科学とアートの領域を行き来しながら活躍するアーティストの方々。

現代美術家の杉本博司さんは古典芸能にも精通されている方で、『三番叟』をダンテの「神曲」になぞらえ、"神のダンス"であると再定義された。西洋の歴史、思想的文脈の中に『三番叟』を落とし込み、舞いとしての表現はそのままに舞台空間や衣裳に真空の空間に雷が走る、放電の模様を映し、舞い手が天界へと上るような演出を施してくださいました。

ビジュアル・アーティストの高谷史朗さんは先端の映像技術を駆使。足拍子や鼓の音に連動して舞台上や天井のスクリーンに水紋が浮かび上がったり、"鈴の段"で黒式尉の面をつけると日蝕の映像が重なるなど、大いなる自然の営みと『三番叟』が交錯し、宇宙的な広がりを感じさせる作品へと展開してくださった。

それらを踏まえ、メディア・アーティストの真鍋大度さんとは『三番叟』を通して「内なる宇宙」を見つめることに挑戦しました。まずは舞を64台のカメラを使ったモーション・キャプチャーで撮影して解析。そのデータを、遺伝子の配列や細胞の運動のような映像にし、『三番叟』の実演に重ねて投影したのです。私はイギリス留学以降、古典芸能の「型」がある種デジタル的な思考と符合すると考えるようになっていました。「型」は感情や身体の状況に左右されず、常に同じ状態を再現できる。真鍋さんとの協働はその実践であり、遺伝子的・工学的に"生と死"を見つめ直す表現が生まれました。

芸の研鑽にいくら努めても、自分の感性や能力の内だけでは限界がある。けれど、異なる知識や世界観を持つアーティストと創作を行えば、己の限界を超え、新たな領域を拓くこともできる。三つのコラボレーションにはそんな、大きな手応えとさらなる可能性を感じています。

己の限界を超え、新たな領域を拓くこともできますⒶ

三番叟　野村萬斎（SANBASO, DIVINE DANCE MANSAI NOMURA + HIROSHI SUGIMOTO）
2013 年 3 月 28 日　於：グッゲンハイム美術館　（© 小田原文化財団）

Q映像作品について話してください

●萬斎

俳優としてお声がけをいただき、映画やドラマなど映像作品に出演する機会が年々増えている現状は、非常に有難いことだと思っています。ただ、舞台作品での他ジャンルのアーティストとの対等なコラボレーションとは違い、映像の場合は監督やディレクターといった方々の意図がより強く反映されます。「素材」に徹し、いかに〝料理されるか〟が創作上の醍醐味になるという点が、映像作品に関わる際の味わいどころだと思います。思えば初の映画出演が、世界でも有数の〝料理人〟である黒澤*明監督の『乱』ですから、素材としてはこれ以上望むべくもない出発点でした。

近年では『のぼうの城』も犬童一心、樋口真嗣両監督が、狂言師の身体性や表現に魅力を感じ、それを活かそうと自由度の高い演技ができるよう現場で取り計らってくださいました。これは、『陰陽師』シリーズの滝田洋二郎監督との撮影時にも感じたことで、滝田監督は私の舞いを重要なシーンに絡めることで、俳優・萬斎が陰陽師・安倍清明を演じる必然性を高めてくださった。俳優ならではの純粋に作品へと貢献する喜びは、映像作品でこそ感じられるものかもしれません。

振り返ってみるに、映像作品でいただく役は時代や設定が異なるにも関わらずみな、常識や社会規範からはみ出した存在、「まれびと」とでも言うような人物が多いのです。あやかしを操る陰陽師、武士道や身分制度の理を超えて民のために闘う領主、果ては巨大怪獣（『シン・ゴジラ*』）など、これまで映像の中で演じてきた役の多くは、良くも悪くも特殊な、異形の存在ばかりです。

太郎冠者に代表される「この辺りの者でござる」という市井の、どこにでもいる平均的な人物を描き・演じることが狂言での常ですが、対照的なことを俳優として求められる映像の場は、新鮮かつ刺激的な経験を多々もたらしてくれます。サービス精神旺盛で〝やりたがり〟という、私個人の資質によるところも大きいかも知れませんが、狂言師としての身体と技術を応用する場として、また表現者としての自分を見つめ直す機会として、今後も積極的に取り組んでいきたいと思っています。

黒澤明……1910～1998年。映画監督。「羅生門」など数々の傑作を発表し世界的に有名。
シン・ゴジラ……2016年7月に公開された日本映画。野村萬斎がゴジラのモーションキャプチャーを担当した。

「乱」 ©KADOKAWA1985

映画『陰陽師』
©2001「陰陽師」製作委員会

©2011『のぼうの城』 フィルムパートナーズ

俳優として純粋に喜びを感じられる場です Ⓐ

Q 狂言の未来について話してください

●萬斎

私たち狂言師はみな、伝えるべき技術としての「型」と伝統を背負っています。と、同時に常に時代との向き合い方を考え、自ら発信していくことも重要な責務。情報過多の現代社会において、伝統にあぐらをかいていては化石のように忘れられた存在になりかねません。父・万作の世代が確立した、舞台芸術としての狂言の評価に甘んじず、同時代のどんな芸術とも拮抗できるよう、研鑽と努力は今後も重ねていく所存です。自身が生きる時代とどう対峙し、そこでの狂言がいかにあるべきかを考え、その届け方を熟考する。これは私の恒常的な課題ですが、指針の一つとして掲げているのは「狂言は人間を映す劇だ」ということ。笑いは狂言の大切な要素ですが、喜劇やコントとは違い、そこに終始すべきではないと私は思うのです。観る人を楽しませ、笑わせながらも、作品や表現の奥には人間の本質に迫るもの、人が生きることと切り離せない悲哀や無常観、それらを凌駕する生命のしたたかさまでを織り込みたい。それらは、今後のあらゆる作品づくりにも通底していくはずです。新作などで演出を試行錯誤する過程では、「そこまでやったら狂言ではない」と父に言われたこともありました。確かに境い目を見極めることは難しい。けれど考えに考えた末、事を起こすときには確信を持ってやるべきだと思っていますし、ここまでそう実践してきた自負もあります。「劇場狂言」の種々の趣向、同時代の作家による新作狂言づくり、先端アーティストとのコラボレーション、そして私自身が演出者として創作に臨む時。常に確信と覚悟を持ち、協働する方々と、成果を受け

伝統と現在性を併せ持つ舞台をめざしたいと思っています Ⓐ

野村萬斎　野村裕基　野村万作　（提供／朝日新聞社）

取ってくださるお客様に向き合ってきました。ただ、それら全てがまだ途上にあり、今後もトライ&エラーを続けるしかありません。

父がめざし、体現している「美しい狂言」は私にとっても基盤となるものですが、それを、狂言の言葉や背景を共有する度合いが年々少なくなっていくお客様とどう結びつけていくか。そのためには多彩な才能や新たな手法と結び合い、観客を刺激することも必要ですし、同時に、狂言本来の魅力にも目を向けていただかねばならない。そこは父や息子・裕基、一門の者と一丸となり取り組むべきところ。伝統と現在性。その両輪に乗り、操ることが、狂言の未来のために私が邁進すべき道だと思っています。

写真提供・協力（五十音順）
青木信二（29）　イジマカオル（86,87）　大塚日出樹（11）　大西公平（59）　大野伸彦（93）　岡田武（13,51）　後藤富（99）　駒井壮介（31）　坂本政十賜（111）　細野普司（119）　前島吉裕（19,20,39）　政川慎治（1,7,9,15,29,33,43,45,47,49,51,53,61,63,65,69,71,74,75,79,81,83,95,97,103,105,107,115, カバー）　御堂義乗（121）　吉川信之（37,51,55,101）　吉越研（17,18,21,35,41,91,100）　吉越立雄（67）
朝日新聞社　岩崎書店　オクムラ写真館　（株）KADOKAWA　国立劇場　小学館「和楽」　スペースゼロ　世田谷パブリックシアター　小田原文化財団　TBSテレビ 映画アニメ事業部　東京新聞 東京メディア事業部　都議会レポート　徳川美術館
能楽協会　法政大学能楽研究所　万作の会　森崎事務所　わんや書店

装幀
伊藤尚彦（アイティーオー デザインプロダクション）

編集協力
万作の会
大堀久美子

参考文献
萬斎でござる（朝日新聞社刊）　狂言サイボーグ（日本経済新聞社刊）　狂言ハンドブック（三省堂刊）　能・狂言事典（平凡社刊）　狂言総覧（能楽書林刊）

野村萬斎 What is 狂言？ 改訂版

2003年12月18日　初版 第一刷発行
2021年 7 月15日　新装改訂版 第二刷発行

著　　者　野村萬斎
監修・解説　網本尚子
発 行 者　檜　常正
発 行 所　株式会社　檜書店

〒101-0052 東京都千代田区神田小川町2-1
☎ 03-3291-2488　FAX 03-3295-3554
http://www.hinoki-shoten.co.jp

印刷・製本　照栄印刷株式会社

ISBN978-4-8279-1102-2 C0074
printed in Japan.